ERSTE AUSGABE - Veröffentlicht 2022

Extra Grafikmaterial von: www.freepik.com
Dank an: Alekksall, Starline, Pch.vector, Rawpixel.com, Vectorpocket, Dgim-studio, Upklyak, Macrovector, Stockgiu, Pikisuperstar & Freepik.com Designers

Kostenlose Online-Spiele Entdecken

Hier Erhältlich:

BestActivityBooks.com/FREEGAMES

5 TIPPS FÜR DEN ANFANG!

1) LÖSUNG DER RÄTSEL

Die Puzzles haben ein klassisches Format :

- Die Wörter sind ohne Abstand, Bindetrich usw… versteckt
- Richtung : vor-& rückwärts, auf & ab oder in der Diagonale (beider Richtungen)
- Die Wörter können übereinanderliegen oder sich kreuzen

2) AKTIVES LERNEN

Neben jedem Wort ist ein Abstand vorgesehen zum Aufschreiben der Übersetzung. Um ihre Kenntnisse zu überprüfen und zu erweitern befindet sich am Ende des Buches ein **WÖRTERBUCH**. Suchen sie die Übersetzungen, schreiben sie sie auf, dann können sie sie in den. Puzzles suchen und ihrem Wortschatz hinzufügen.

3) ANZEICHNUNG DER WÖRTER

Haben sie schon einmal versucht eine Anzeichnung zu verwenden? Sie könnten zum Beispiel die Wörter, die schwer zu finden sind, ankreuzen, die Wörter, die sie lieben, mit einem Stern, neue Wörter mit einem Dreieck, seltene Wörter mit einem Diamant usw … anzeichnen

4) IHR LERNEN ORGANISIEREN

Am Ende dieser Ausgabe bieten wir auch ein praktisches **NOTIZBUCH** an. Ob im Urlaub, auf Reisen oder zu Hause, sie können ihr neues Wissen ganz einfach organisieren, ohne ein zweites Notizbuch zu benötigen!

5) SIND SIE AM SCHLUSS ?

Gehen sie zum Bonusbereich : **MONSTER-HERAUSFÖRDERUNG,** um ein kostenloses Spiel zu finden, das am Ende dieser Ausgabe angeboten wird !

Lust auf mehr Spaß und **Lernaktivitäten?** Schnell und einfach : eine ganze Spielbuchsammlung mit einem einzigen Klick erhaltbar :

Mit diesem Link finden sie ihre nächste Herausforderung :

BestActivityBooks.com/MeineNachsteWortsuche

Achtung, fertig, ... Los !!

Wussten sie, dass es auf der Welt ungefähr 7.000 verschiedene Sprachen gibt ? Wörter sind kostbar.

Wie lieben Sprachen und haben schwer daran gearbeitet, die Bücher von höchster Qualität für sie zu entwerfen. Unsere Zutaten ?

Eine Auswahl von angepassten Lernthemen, drei große Scheiben Spaß, dann fügen wir einen Löffel schwieriger Wörter und eine Prise seltener Wörter hinzu. Wir servieren sie mit Sorgfalt und ein Maximum an Freude, damit sie die besten Wortspiele lösen und Spaß am Lernen haben.

Ihre Meinung ist wichtig. Sie können aktiv zum Erfolg dieses Buches beitragen, indem sie uns eine Bemerkung hinterlassen. Sagen sie uns, was ihnen an dieser Ausgabe am besten gefallen hat !!

Hier ist ein kurzer Link, der sie zu ihrer Bewertungsseite führt

BestBooksActivity.com/Rezension50

Vielen Dank für ihre Hilfe und viel Spaß

Linguas Classics

1 - Gesundheit und Wellness #2

```
D W Y H T L A E H E X K A L E W
C T N N C E L Z Y B T L P G B Q
S T R E S S L A G R F B P D C J
K C S Y M K E D I H N F E B Y N
S K I G A Y R I E Y M O T A N A
I W H T Y Y G E N A O I I E A O
R E O P E Q Y T E S S C T B G P
H I S T I N L V O P P E E L S D
E G P M R O E Y U O F R V O F I
T H I H O I V G W R J J B O Y S
M T T P L T V R A T N B J D O E
H D A R A C X E Z S R K O R D A
K J L U C E P N M A S S A G E S
V Z Y Y V F C E K H Z S E E E E
O M L C Z N I M A T I V R Y A E
J O H I L I M F S M B P J Z H X
```

ALLERGY
ANATOMY
APPETITE
BLOOD
DIET
ENERGY
GENETICS
HEALTHY
WEIGHT
HYGIENE

INFECTION
CALORIE
HOSPITAL
DISEASE
MASSAGE
RISKS
SLEEP
SPORTS
STRESS
VITAMIN

2 - Ozean

```
J  L  B  B  Z  W  K  K  Q  P  L  T  L  W  X  R
A  E  S  A  R  E  H  R  B  A  B  M  C  E  S  E
D  Y  L  P  A  T  S  A  D  O  L  P  H  I  N  E
Z  X  E  L  I  J  I  H  L  T  U  N  A  B  S  F
R  J  E  N  Y  Y  F  S  R  E  S  S  N  Q  H  H
F  X  E  M  T  F  E  K  K  M  W  P  G  F  R  O
R  W  C  J  S  M  I  A  K  H  P  O  M  W  I  B
T  U  R  T  L  E  E  S  P  M  E  N  V  D  M  D
L  N  T  V  M  U  S  E  H  J  Z  G  G  J  P  L
A  N  K  J  W  M  B  D  O  A  M  E  T  Q  W  L
S  E  V  A  W  Z  Z  I  N  C  O  R  A  L  F  O
A  F  U  G  B  U  E  T  P  H  O  E  O  P  O  A
P  E  Q  H  S  O  Y  I  B  E  K  T  B  T  Z  D
H  U  O  L  H  O  R  B  Z  I  D  S  N  I  S  D
C  R  A  B  T  T  R  Y  X  A  A  Y  S  H  N  O
P  L  S  Q  U  V  K  M  S  U  P  O  T  C  O  N
```

EEL	OCTOPUS
OYSTER	JELLYFISH
BOAT	REEF
DOLPHIN	SALT
FISH	TURTLE
SHRIMP	SPONGE
TIDES	STORM
SHARK	TUNA
CORAL	WHALE
CRAB	WAVES

3 - Krankheit

```
A L L E R G I E S B X C E A V C
A Y G J W D X M S A A H D B E O
N M T H A Z H O E C W R A D Z N
H E A S Q M K R N T T O W O I T
J S U Y Z P N D L E Y N F M D A
V Y I R F I H N L R W I I I R G
P U I A O Q T Y E I C C M N E I
Y N U T S P L S W A I G M A S O
D L P I I K A E W L T S U L P U
V F G D N B E T R A E H N Q I S
M X H E U O H L H E N L I O R Z
U L S R S D C R Y Y E U T I A M
O P E E K Y N W L L G Y Y P T M
A I F H J O U T H E R A P Y O U
I N F L A M M A T I O N D Z R U
H S V S E R I M Y B O N E S Y C
```

ABDOMINAL
ALLERGIES
CONTAGIOUS
RESPIRATORY
BACTERIAL
CHRONIC
INFLAMMATION
HEREDITARY
GENETIC
HEALTH

HEART
IMMUNITY
BONES
BODY
NEUROPATHY
WEAK
SINUS
SYNDROME
THERAPY
WELLNESS

4 - Meditation

```
T H O U G H T S Q Y N A A A C P
R F X F A Z T S R C A C W T O E
P M I N D N F B Y J T C A T M A
G R A T I T U D E S U E K E P C
P H F M M O O P K S R P E N A E
K E C N E L I S J E E T D T S C
S T R M Y V N P P N A A S I S M
C Z A S S E N D N I K N W O I E
I L M W P M H Z G P J C T N O N
S P A O U E N W B P X E O T N T
U S Z R V R C B T A A C L R J A
M H P I I E H T C H X U E Z N L
U M V C G T M W I Y Q C A J E K
U Y Y W L I Y E D V G A R W J Q
H H Q U O F F V N E E L N A G K
T E A C H I N G S T T M J P A K
```

ACCEPTANCE
ATTENTION
MOVEMENT
GRATITUDE
KINDNESS
PEACE
THOUGHTS
MENTAL
HAPPINESS
CLARITY

TEACHINGS
TO LEARN
COMPASSION
MUSIC
NATURE
PERSPECTIVE
CALM
SILENCE
MIND
AWAKE

5 - Archäologie

```
E R M D O U P H T Q F Q G A O C
V R W M B D N R G T W Z B N C Z
A E R A J Q G K O S P J Y C M R
L H C E E H V E N F C E N I A E
U C O T C N R K N O E P U E M L
A R S R T K B R A S W S I N A I
T A T Y S B J Z X N X N S T T C
I E E T E M P L E M A E H O W B
O S X I S O N R U Y E L A H R O
N E P U B T G I L S U H Y H T N
R R E Q Q J G M C T G J M S D E
V S R I O Q Y U Y E T G B O I S
V H T T I R P A M R E U B X I S
M N D N T G I P H Y F O S S I L
G G O A D E S C E N D A N T T V
D S E K F O R G O T T E N Z G C
```

ANALYSIS
ANTIQUITY
EVALUATION
ERA
EXPERT
RESEARCHER
FOSSIL
MYSTERY
TOMB
BONES

TEAM
DESCENDANT
OBJECTS
PROFESSOR
RELIC
TEMPLE
UNKNOWN
ANCIENT
FORGOTTEN

6 - Gesundheit und Wellness #1

```
H U N G E R T M H E I G H T G O
I N J U R Y N F E Q N X T N G N
Z P H X E G E W N D O C B C B P
F T Z W U N M M I C I X Y Q A Q
H B O T C I T M C Q T C P X C I
W K F R T B A B I N A I A E T S
Y W X D F E E S D H X N R L E K
F R A C T U R E E A A I E F R I
N N O B I Q T N M B L L H E I N
E V I T C A R O R I E C T R A V
R C J M C E U B P T R Y F S D V
V P S A F O T M W X P S R H V I
E T I A R D D P H A R M A C Y R
S O E S G H N P Y O A N X F F U
O B Z K V S O M T L Y H M N C S
C W U G H P C L O N X O Q Y W R
```

ACTIVE
PHARMACY
DOCTOR
BACTERIA
TREATMENT
RELAXATION
FRACTURE
HABIT
SKIN
HEIGHT

HUNGER
CLINIC
BONES
MEDICINE
MEDICAL
NERVES
REFLEX
THERAPY
INJURY
VIRUS

7 - Obst

```
W W U T D R R K E A I D B A P N
V Y B I I A V V I K O K L V I E
M E L O N S P C E W U D A O N C
Q J G P E P J Q D W I J C C E T
B E R R Y B C H E R R Y K A A A
P U A D X E G N A R O P B D P R
O A E U R R S B F L E E E O P I
X N P X O R D U S M U A R P L N
F O X A L Y B G R A P E R D E E
U F T C Y A P R I C O T Y K A B
H E L P P A C O C O N U T A M G
Z W E S W E Q J O G W I P U M L
J P Q W J S A N A N A B L V O G
Z P V H O Y L C T P C F U D J Z
T Q I X C D H M H Z N O M E L F
Q Y L C Z A T U U T O D O R U V
```

PINEAPPLE
APPLE
APRICOT
AVOCADO
BANANA
BERRY
PEAR
BLACKBERRY
RASPBERRY
CHERRY

KIWI
COCONUT
MELON
NECTARINE
ORANGE
PAPAYA
PEACH
PLUM
GRAPE
LEMON

8 - Universum

```
U Z N I G N A H H B F Y Q J C A
G W E K P S N D I O R E T S A Y
S S O L S T I C E L R Q Y K I G
N S X I F E G C V K Z I S S D G
J E E R E H P S I M E H Z C O H
X Q R N E G O B B L W P T O Z P
T U E O K Y L X M F R Z G C N L
E A H E Z R E M O N O R T S A O
L T P L A G A L A X Y K S K L N
E O S B V S E D U T I T A L R G
S R O I A S T R O N O M Y Z F I
C I M S O C R M O T C D U U Q T
O C T I B R O O T T B L O V Q U
P U A V L U L O G B X Y J U X D
E D O Y Q E K N R X I T I V F E
F W W P I E M Q D Y W Z S M I Q
```

ASTEROID	SKY
ASTRONOMER	HORIZON
ASTRONOMY	COSMIC
ATMOSPHERE	LONGITUDE
EON	MOON
EQUATOR	ORBIT
LATITUDE	VISIBLE
DARKNESS	SOLSTICE
GALAXY	TELESCOPE
HEMISPHERE	ZODIAC

9 - Camping

```
L A N T E R N C R D U X G B K H
F S I S O F O A T O N Q M J U A
G S B E P X O N Z P K K F K B M
T H A R Z F M O I V F U D C S M
M E C O O K U E S Q A U A J H O
M W S F G P O D W G F I N O R C
A Y J M J I E R U T N E V D A K
P L H X Q N K F E Q I V G Z C I
F I R E F S A P V N A T U R E K
K H A P T E L A S U T A H E L C
I R N N R C I B H U N T I N G O
E U W Z I T R Y R I U V Z M J M
I K P H R M G F V P O L C J E P
J N X G J Y A P T F M I L W V A
M Z S X Q K Y L S P D V Y J Z S
T N X V M Q W O S Z T E N T X S
```

ADVENTURE   COMPASS
MOUNTAIN   LANTERN
FIRE   MOON
HAMMOCK   NATURE
HAT   LAKE
INSECT   ROPE
HUNTING   FUN
CABIN   ANIMALS
CANOE   FOREST
MAP   TENT

10 - Zeit

```
G  T  Y  T  X  D  A  Y  O  R  K  F  A  E  N  O
T  L  J  B  O  Y  B  R  N  O  E  U  F  B  I  R
M  O  N  T  H  T  Z  U  J  E  V  T  T  R  G  Y
H  L  U  S  U  P  E  T  W  D  T  U  E  T  H  Q
R  E  H  F  G  N  I  N  R  O  M  R  R  P  T  D
C  Y  Z  O  W  S  Q  E  O  M  M  E  A  K  A  G
A  T  N  K  U  A  Z  C  S  F  Y  N  E  B  G  R
L  X  G  B  H  R  O  E  A  K  E  E  W  X  S  S
E  R  O  F  E  B  M  H  I  C  A  B  W  I  C  V
N  T  H  N  I  D  A  L  T  O  R  U  Z  W  B  H
D  O  J  O  O  P  A  S  K  L  H  V  L  J  M  U
A  D  O  W  Y  J  K  C  Y  C  I  A  Q  P  I  U
R  A  H  N  K  G  C  T  E  L  L  A  U  N  N  A
T  Y  E  I  I  L  U  C  Q  D  C  M  O  D  U  T
Y  E  S  T  E  R  D  A  Y  L  K  Y  N  C  T  K
S  U  H  M  O  T  Z  T  E  L  L  Y  W  S  E  Z
```

YESTERDAY
TODAY
YEAR
CENTURY
DECADE
ANNUAL
NOW
CALENDAR
MINUTE
NOON

MONTH
MORNING
AFTER
NIGHT
HOUR
DAY
CLOCK
BEFORE
WEEK
FUTURE

11 - Säugetiere

```
S Q P N T Q P F Q K K S E F W Y
I H G A S V G B H V A N G I E X
L U E W N S P C E H B N O J M V
M V E E X T A R A E B H R W I M
Q S V K P T H E N I Y U I V M B
G M G A K G H E S R O H L L U B
K A N G A R O O R W D E L E Z T
E T O Y O C R U E H M E A T E P
F L O W Y V T W V A J N X I B B
F W E T B M M V A L P S A G R G
A E O P X G L L E E K Q U E A I
R K S N H F O X B Y K X A R O L
I V B E A A L B R T B R L Y E R
G S G Z R Q N M O N K E Y T J Y
O R P T F X U T F I A D G Q S T
D A R B L S A C U N H L L I O N
```

MONKEY	LION
BEAR	PANTHER
BEAVER	HORSE
ELEPHANT	RAT
FOX	SHEEP
GIRAFFE	BULL
GORILLA	TIGER
DOG	WHALE
KANGAROO	WOLF
COYOTE	ZEBRA

12 - Algebra

```
O Q X K O X A L T S U G P C A Q
V A R I A B L E A U X J G H P K
Q S N M R H T V U B L I N E A R
U W O E D G T L M T N G T F V F
A J I L L I H O A R E B M U N F
N X T B U D P S T A F A C T O R
T Q C O J T H R R C N P I N I P
I M A R G A I D I T I A O E T F
T S R P S U H O X I R S D N A L
Y U F U I A F F N O T A T O U G
S M O A M B A O F N V A E P Q V
N Q L E P H L R I W R W S X E S
P J Q B L S S M Z O K F D E S W
P S H T I P E U I N F I N I T E
E W G J F E A L L W V C W B J Z
Z E R O Y N V A E Q T I U W U X
```

FRACTION	MATRIX
DIAGRAM	QUANTITY
EXPONENT	ZERO
FACTOR	NUMBER
FALSE	PROBLEM
FORMULA	SUBTRACTION
EQUATION	SUM
LINEAR	INFINITE
SOLVE	VARIABLE
SOLUTION	SIMPLIFY

13 - Philanthropie

```
O  P  I  P  Y  L  N  S  F  U  N  D  S  U  P  Q
B  N  D  B  G  A  Q  Z  X  T  T  M  L  C  R  Y
H  S  A  M  J  B  T  K  N  Z  T  J  H  H  O  Y
H  U  G  R  O  U  P  S  J  E  L  C  I  A  G  Z
X  Y  M  L  Z  C  P  D  T  C  E  J  S  R  R  S
E  K  I  A  K  Q  G  S  F  T  L  D  T  I  A  Y
H  G  R  B  N  G  N  I  O  V  P  M  O  T  M  V
F  A  G  O  C  I  L  B  U  P  O  I  R  Y  S  D
P  F  W  L  P  R  T  U  P  V  E  S  Y  T  A  Q
H  C  E  G  A  V  Q  Y  E  Z  P  S  G  C  E  U
B  O  C  H  I  L  D  R  E  N  E  I  L  Y  H  Y
G  G  N  M  Y  T  I  N  U  M  M  O  C  G  I  C
O  G  A  E  Y  O  U  T  H  V  M  N  P  A  W  B
A  Q  N  V  S  V  Y  N  I  S  D  O  N  A  T  E
L  N  I  N  S  T  C  A  T  N  O  C  C  D  H  C
S  F  F  N  W  Y  Y  T  I  S  O  R  E  N  E  G
```

NEED	CONTACTS
HONESTY	PEOPLE
FINANCE	HUMANITY
COMMUNITY	MISSION
HISTORY	FUNDS
GLOBAL	CHARITY
GENEROSITY	PUBLIC
GROUPS	PROGRAMS
YOUTH	DONATE
CHILDREN	GOALS

14 - Diplomatie

```
F S E G A U G N A L E T P M E T
O H C A O D B I G F T I O C M R
R N L N H V V N P T H H L Q B E
E N S O R N E I F L I T I S A A
I B B I Y A J R S V C C T O S T
G J U S T I C E N E S I I L S Y
N L P S I R I Z B M R L C U Y X
D R Z U R A T J D Q E F S T R Y
E J G C G T A Q R H O N L I Y S
N R L S E I M K I U Y O T O R W
I G O I T N O O C R Z C V N D X
D P Q D N A L C I T I Z E N S H
A C R I I M P C O M M U N I T Y
N E L W T U I Z S E C U R I T Y
T Y R B S H D W R X M E Q Z Q U
A M B A S S A D O R C H B R Y U
```

FOREIGN
ADVISER
EMBASSY
AMBASSADOR
CITIZENS
DIPLOMATIC
DISCUSSION
ETHICS
COMMUNITY
JUSTICE

HUMANITARIAN
INTEGRITY
CONFLICT
SOLUTION
POLITICS
GOVERNMENT
SECURITY
LANGUAGES
TREATY

15 - Astronomie

```
Y  K  S  K  N  B  R  O  E  T  E  M  A  A  T  P
S  R  M  M  O  E  O  C  T  P  B  N  S  S  E  M
B  E  O  Y  I  P  C  U  I  Z  I  E  T  T  L  L
S  M  O  T  T  D  K  G  L  L  H  B  E  R  E  D
H  O  N  E  A  A  E  B  L  F  F  U  R  O  S  N
W  N  Y  M  L  V  T  D  E  Z  A  L  O  N  C  C
R  O  O  O  L  O  R  T  T  X  O  A  I  A  O  M
U  R  M  C  E  N  U  E  A  S  X  D  D  U  P  D
P  T  E  O  T  R  Y  N  S  E  G  D  I  T  E  Y
M  S  J  Q  S  E  C  A  O  B  P  N  U  A  R  W
T  A  F  F  N  P  F  L  M  Z  O  B  I  X  C  D
L  P  X  D  O  U  U  P  S  C  U  R  E  V  A  S
V  J  I  J  C  S  E  A  O  T  U  G  S  R  H  V
U  N  I  V  E  R  S  E  C  F  G  H  T  R  A  E
X  H  Z  V  Q  Z  Q  K  O  E  W  Z  A  B  D  Y
X  K  R  R  X  M  H  X  F  W  B  W  R  V  B  S
```

ASTEROID
ASTRONAUT
ASTRONOMER
EARTH
SKY
COMET
CONSTELLATION
COSMOS
METEOR
MOON

NEBULA
OBSERVATORY
PLANET
ROCKET
SATELLITE
STAR
SUPERNOVA
TELESCOPE
ZODIAC
UNIVERSE

16 - Ballett

```
A I O W J V A G F W T O G Y A M
R C N R N F Z Q V E Z A S C S U
T H G T C O X L Q G E X J Q G S
I O N E E H C O M P O S E R R C
S R U C S N E L Y T S I S H A L
T E S N B T S S R H Y T H M C E
I O K E M J U I T C L T V O E S
C G I I T A Q R T R H I C H F U
Q R L D W P E P E Y A V M N U B
U A L U L P C M G G X P G P L R
X P Y A J L B A L L E R I N A M
H H Q Q L A S R A E H E R X A U
I Y Y O E U Q I N H C E T T H S
H O J M F S R E C N A D M X I I
S O L O D E V I S S E R P X E C
Y O W R F B M F C C X B C K Z R
```

GRACEFUL
APPLAUSE
EXPRESSIVE
BALLERINA
CHOREOGRAPHY
SKILL
GESTURE
INTENSITY
COMPOSER
ARTISTIC

MUSIC
MUSCLES
ORCHESTRA
REHEARSAL
AUDIENCE
RHYTHM
SOLO
STYLE
DANCERS
TECHNIQUE

17 - Geologie

```
C C M O L T E N A S K N J U T L
A G O E F D M J C T T O K H O E
V E E N O Z L D I F W D T V N A
E R T Y T L A S D B K L A V A R
R O I M S I I D N M H S A H C T
N S T Z I E N P I N C O R A L H
S I C S L A R E N I M H C V O Q
S O A P D U D J N Z W P H Q V U
R N L G L P R F U T S T O N E A
K F A B I A K C R R U D S G B K
B B T B S I T N R A K M K N M E
Z I S H S W U E W U B N B W N U
H V O K O J P N A Q A G O U D Y
M D P Y F I N T T U U U Z M K S
Z N U L S V C A L C I U M L L N
S T A L A G M I T E S T V K Z Q
```

EARTHQUAKE	MINERALS
EROSION	PLATEAU
FOSSIL	QUARTZ
MOLTEN	SALT
GEYSER	ACID
CAVERN	STALAGMITES
CALCIUM	STALACTITE
CONTINENT	STONE
CORAL	VOLCANO
LAVA	ZONE

18 - Wissenschaft

```
M  G  I  H  L  L  M  J  V  B  L  J  A  M  E  G
E  O  Y  E  A  X  W  C  B  W  U  D  L  I  X  O
T  P  T  T  B  R  N  H  G  O  D  N  U  N  P  X
H  G  T  A  O  W  D  E  Y  T  B  Y  R  E  E  R
O  C  T  M  R  C  A  M  I  R  D  O  C  R  R  T
D  B  F  I  A  V  T  I  H  J  Q  R  R  A  I  S
S  U  H  L  T  Y  S  C  I  T  U  G  Y  L  M  V
C  D  Y  C  O  H  O  A  G  J  Y  A  N  S  E  E
I  V  P  M  R  R  H  L  T  K  R  N  A  T  N  V
E  C  O  K  Y  N  Y  B  D  A  U  I  T  N  T  O
N  Y  T  I  V  A  R  G  U  J  D  S  U  A  E  L
T  V  H  P  H  Y  S  I  C  S  G  M  R  L  I  U
I  Q  E  P  A  R  T  I  C  L  E  S  E  P  P  T
S  P  S  E  L  U  C  E  L  O  M  U  E  A  K  I
T  M  I  F  A  C  T  G  F  O  S  S  I  L  Y  O
Q  O  S  H  B  T  J  F  D  B  G  A  A  K  J  N
```

ATOM	MINERALS
CHEMICAL	MOLECULES
DATA	NATURE
EVOLUTION	ORGANISM
EXPERIMENT	PARTICLES
FOSSIL	PLANTS
HYPOTHESIS	PHYSICS
CLIMATE	GRAVITY
LABORATORY	FACT
METHOD	SCIENTIST

19 - Sport

```
M N F I C B M H P W A P H E Y P
E U H Y W D P L Y P B R N N D Q
N O D D B Z O I Q G I O Y D O B
U S E L C S U M K B L G T U W B
T E T J O G G I N G I R Z R R M
R N O R M J I M X I T A O A J M
I O D I E E B W S G Y M L N E E
T B Z R T N D A N C I N G C N T
I Q P C O S G N I L C Y C E V A
O G Y P S R P T J N V C W N D B
N W V D W X O O H T L A E H I O
N E J N I J W L R G W C U G E L
O E Z I M I X A M T A O J O T I
A T H L E T E C Z F S A G E O C
M E J B G G O A L U T C K Y U D
N H P K Z B C W B Q F H C Y L D
```

ATHLETE
ENDURANCE
DIET
NUTRITION
ABILITY
HEALTH
JOGGING
BONES
BODY
MAXIMIZE

METABOLIC
MUSCLES
PROGRAM
CYCLING
TO SWIM
SPORTS
STRENGTH
DANCING
COACH
GOAL

20 - Mythologie

```
T B E H A V I O R S L D N A H L
S H U S G Y B I H R C J N P A U
D M U D I M M O R T A L I T Y W
G W K N C F P Z Y A N E F A X W
I B Y E D R E T S N O M O D W A
J E K G O E E C R E A T I O N R
N E N E Y R R A H F V N L I Y R
V L A L R U M N T Q J X B T R I
H I M L Y T V B G U A E V F T O
E G A A O L I Q N O R H G N K R
A H G T K U Q S E W C E H E R O
V T I R J C S P R E T S A S I D
E N C O C E P Y T E H C R A M E
N I A M Z Z V C S N X N G J J K
S N L L A B Y R I N T H N L E Z
E G N E V E R B O T S Q X O R N
```

ARCHETYPE
LIGHTNING
THUNDER
JEALOUSY
HERO
HEAVEN
DISASTER
CREATION
CREATURE
WARRIOR

CULTURE
LABYRINTH
LEGEND
MAGICAL
MONSTER
REVENGE
STRENGTH
MORTAL
IMMORTALITY
BEHAVIOR

21 - Restaurant #2

```
S P I C E S O X Z R T B Y S D C
F C F O R K S P X T V E C I E Y
B E H C U W S O U P W V A V L T
C B S A W P A K K N O E L H I B
H S I Y I W B I W K H R U S C W
H F F N E R P Q T R C A N A I A
Y Z F O V M V K I E C G C L O T
Y I D O Q N U Q U N R E H T U E
W S O P C U L G R N E K J T S R
Q K K S R A C J F I Z C M S M I
Y P F A X R K H G D I W I B S L
M Q Z L Y Q U E X V T A Z Y U I
S S A A Y J R M W P E N I G M F
X J G D H O M A U I P T G T H F
Q N O O D L E S B N P I Z T H N
V E G E T A B L E S A G Y C R V
```

DINNER	CAKE
ICE	SPOON
FISH	LUNCH
FRUIT	NOODLES
FORK	SALAD
VEGETABLES	SALT
BEVERAGE	CHAIR
SPICES	SOUP
WAITER	APPETIZER
DELICIOUS	WATER

22 - Ökologie

```
M O L H I L N S V E E S Q O D Z
Z A T P S D A U O V Q P B G I O
R R R H X T T R L E Z E Q N V T
C O B I X Q U V U G U C K R E I
H L S U N H R I N E D I S E R A
B F G V S E A V T T R E Q S S F
Q C M Q N P L A E A O S M O I J
X Z H V I H X L E T U P A U T A
G L O B A L A U R I G L R R Y T
W F U F T M C B S O H A S C E O
Z F A U N A K L I N T N H E N K
E L E R U T A N I T I T O S Q C
W Y I J O C F T G M A S X T W M
N C C A M N Y C L H A T R W P J
S U S T A I N A B L E T U R N X
C O M M U N I T I E S P E T U W
```

SPECIES	MARINE
MOUNTAINS	SUSTAINABLE
DROUGHT	NATURE
FAUNA	NATURAL
FLORA	PLANTS
VOLUNTEERS	RESOURCES
COMMUNITIES	MARSH
GLOBAL	SURVIVAL
CLIMATE	VEGETATION
HABITAT	DIVERSITY

23 - Schokolade

```
S A P H C T W Y W C Y M D F M Q
G R F O U M N D I F R A G U S P
J O K A W Z A P B I M A R E O C
Y M S C U D T L F K Q J V T L X
I A S U D W E L X X U C Q I A S
N N W D U U S R Z K A A C R N C
L E E P E X O T I C L L N O A G
D E E N M F B A S N I O T V S P
K I T A E O T B C C T R B A I C
B I T T E R P D V A Y I U F T D
F H N K G L J E P I C E R N R B
D E L I C I O U S M G S X L A A
C A R A M E L H W T A S T E Z H
A N T I O X I D A N T F A A B E
I N G R E D I E N T K P O V C J
C O C O N U T P V L U U Q S A I
```

ANTIOXIDANT
AROMA
BITTER
TO EAT
EXOTIC
FAVORITE
TASTE
ARTISANAL
CACAO
CALORIES

CARAMEL
COCONUT
DELICIOUS
POWDER
QUALITY
RECIPE
SWEET
CRAVING
SUGAR
INGREDIENT

24 - Boote

```
R  J  P  P  A  A  H  C  A  N  O  E  H  G  N  T
N  I  Z  O  H  Q  B  B  W  Z  H  N  A  E  C  O
S  I  V  E  I  P  K  A  Y  A  K  I  D  T  G  A
K  A  P  E  I  B  K  L  V  H  C  G  O  H  D  L
F  E  I  X  R  U  W  A  V  E  S  N  C  C  T  J
X  S  T  L  Q  O  R  O  P  E  M  E  K  A  L  Q
A  G  A  O  B  Y  A  N  C  H  O  R  C  Y  F  V
I  L  Y  L  Q  O  L  Y  A  N  J  K  O  R  T  R
J  F  O  W  R  G  A  K  M  G  Z  I  T  W  E  O
P  F  G  G  K  N  C  T  A  O  B  E  F  I  L  W
N  D  O  F  L  L  I  S  Q  F  Z  F  A  R  T  M
K  A  U  E  P  O  T  A  W  P  Q  P  R  T  R  V
K  I  N  R  H  U  U  M  C  J  N  A  P  U  K  U
K  H  J  R  T  M  A  D  G  B  L  U  W  T  J  M
P  W  N  Y  W  B  N  X  Y  J  O  K  J  R  N  R
W  X  F  I  K  H  F  E  D  X  E  P  M  G  E  K
```

ANCHOR	SEA
BUOY	ENGINE
CREW	NAUTICAL
DOCK	OCEAN
FERRY	LIFEBOAT
RAFT	LAKE
RIVER	SAILBOAT
KAYAK	ROPE
CANOE	WAVES
MAST	YACHT

25 - Stadt

```
R C O T C H G G B C D H U Y C N
L L B M U I D A T S V R O A I V
Q W R R A Y U E L O O H C S N Y
M A R K E T A E C L T C J H E D
R E S T A U R A N T E E H T M O
S U P E R M A R K E T R U H A H
W W Y R F S L F M H E T Y E M O
T T T L L L B Z O O C I B A U T
F Y I R O T B A I H F I B T S E
R C S E R O T S K O O B L E E L
K A R C I N I L C E A E L R U W
Q M E A S A J H D V R C S K M V
B R V F T Q J Q V X G Y S V H P
P A I R T R B P A I R P O R T I
L H N L I B R A R Y A S J N Y T
C P U K I L R K R Q U R J S I I
```

PHARMACY	CLINIC
BANK	MARKET
BAKERY	MUSEUM
LIBRARY	RESTAURANT
FLORIST	SCHOOL
BOOKSTORE	STADIUM
AIRPORT	SUPERMARKET
GALLERY	THEATER
HOTEL	UNIVERSITY
CINEMA	ZOO

26 - Aktivitäten

```
B H E B P G K A C R A F T S M O
N S M A T H E R U S A E L P A N
W N R I G P O T Y M G A Q F G G
Q D T U N X Y T I V I T C A I A
R E A D I N G T O L R S V R C R
H G N I T N U H L G N I W E S D
I N O I T A X A L E R T J K E E
K I S C I M A R E C I A F N M N
I T Z E N U J D V D J S P E A I
N N X E K J Z I A N U O U H G N
G I W S S W R S Q N J I Z R Y G
E A H F B O U W Z P C N I Z E A
I P V C S N T Y W H Q I J Y D O
Q K D O W F H M B T K Q N B R S
C A M P I N G N I H S I F G U L
Q Z C E O U A Y P H E S Q H F Y
```

ACTIVITY	ART
FISHING	CRAFTS
CAMPING	READING
RELAXATION	MAGIC
PHOTOGRAPHY	SEWING
LEISURE	GAMES
GARDENING	KNITTING
PAINTING	DANCING
HUNTING	PLEASURE
CERAMICS	HIKING

27 - Bienen

```
F  I  Y  X  S  P  I  M  B  V  W  E  Z  E  U  H
G  A  R  D  E  N  L  R  B  T  C  V  X  J  C  A
F  R  U  I  T  O  C  A  B  T  H  F  D  O  R  X
J  W  K  S  M  X  A  W  N  G  T  Y  R  I  X  A
T  D  A  Y  O  P  P  S  O  T  I  V  L  V  S  E
B  K  J  K  L  Q  Y  E  V  Z  S  K  R  Z  R  L
S  W  V  F  A  K  U  E  C  O  S  Y  S  T  E  M
U  R  W  E  I  N  O  E  H  O  N  E  Y  C  W  Z
N  N  S  L  C  P  E  N  E  Z  T  S  G  E  O  B
V  T  A  T  I  B  A  H  C  N  K  O  L  S  L  L
E  D  B  W  F  S  G  N  I  W  E  Z  M  N  F  O
E  E  C  Q  E  Q  F  E  O  V  U  T  C  I  Q  S
C  Q  D  A  N  U  J  L  I  J  E  K  O  M  S  S
E  H  Y  D  E  P  O  L  L  I  N  A  T  O  R  O
P  T  M  E  B  A  I  O  Q  P  R  A  Q  I  S  M
L  O  M  I  I  N  I  P  Y  T  B  I  D  E  U  B
```

POLLINATOR   HABITAT
HIVE   ECOSYSTEM
FLOWERS   PLANTS
BLOSSOM   POLLEN
WINGS   SMOKE
FRUIT   SWARM
GARDEN   SUN
HONEY   BENEFICIAL
INSECT   WAX
QUEEN

28 - Wissenschaftliche Disziplinen

```
A  N  S  C  I  N  A  H  C  E  M  R  B  L  C  B
S  E  Z  Q  E  D  B  N  G  N  K  A  O  L  H  I
T  U  L  O  O  L  P  Z  A  Z  U  Z  T  P  E  O
R  R  S  O  O  Y  K  C  A  T  O  G  A  H  M  C
O  O  Q  J  E  L  P  W  Y  H  O  E  N  G  I  H
N  L  U  U  Q  R  O  X  R  S  Y  M  Y  M  S  E
O  O  W  V  U  D  M  G  T  X  G  Y  Y  E  T  M
M  G  Q  J  Q  N  H  D  Y  E  O  G  Y  J  R  I
Y  Y  D  N  E  S  V  G  E  O  L  O  G  Y  Y  S
M  I  N  E  R  A  L  O  G  Y  O  L  O  C  Q  T
I  M  M  U  N  O  L  O  G  Y  I  O  L  W  Q  R
P  H  Y  S  I  O  L  O  G  Y  S  C  O  Y  A  Y
P  S  Y  C  H  O  L  O  G  Y  E  E  I  O  V  I
X  S  O  C  I  O  L  O  G  Y  N  L  B  O  D  O
K  D  O  T  D  S  C  I  T  S  I  U  G  N  I  L
N  X  J  N  W  M  V  O  H  Q  K  K  R  E  J  W
```

ANATOMY	LINGUISTICS
ASTRONOMY	MECHANICS
BIOCHEMISTRY	MINERALOGY
BIOLOGY	NEUROLOGY
BOTANY	ECOLOGY
CHEMISTRY	PHYSIOLOGY
GEOLOGY	PSYCHOLOGY
IMMUNOLOGY	SOCIOLOGY
KINESIOLOGY	ZOOLOGY

29 - Vögel

```
V D X P G O W W W E P H F J K T
S W A N E O J O G N I M A L F D
S T O R K A W O R C Y W Z L N K
P J P M C V C L R R V D I E H E
A C I N U Z B O M N A C I L E P
R U G G D P X S C J D P I G R B
R C E C T F Y N K K W E S A O N
O K O H N P D S D Z H A B E N B
T O N W M T H U U U T O O Q E C
L O B T B D W S P S U O X C V D
L N G Q I J M N Z G A T D H A J
U J P D M G Z L W I N L O I R J
G O O S E R G L W L V A P C S S
G Q M L G P Z F O A G V W K P J
E V S I B U S E X E J N J E M D
D M P T D L F J B N I U G N E P
```

EAGLE
EGG
DUCK
OWL
FLAMINGO
GOOSE
CHICKEN
CROW
CUCKOO
GULL

PARROT
PELICAN
PEACOCK
PENGUIN
RAVEN
HERON
SWAN
SPARROW
STORK
PIGEON

30 - Biologie

```
U V Q N N I E T O R P H Q Y M A
S Y P B A O T P A S L Z D I A N
E R L J T R I O S M O S I S M A
M D A D U B R T Y H V D S O M T
B B N F R K G W A L R C Y D A O
R Q T K A V J L O T X O M F L M
Y I S V L L I L V K U B B A L Y
O N R E P T I L E F K M I L E R
F E E M O S O M O R H C O M C T
A G N U S Y N A P S E X S C G Y
A O O W R Y G I M E K D I T A G
T H M A N O J H Z N V K S V R V
T T R L W T N H P Z R R D T M T
M A O T I U Q V B Y R J E N V V
W P H E R C M X E M B X K N V D
E V O L U T I O N E G A L L O C
```

ANATOMY	NERVE
CHROMOSOME	NEURON
EMBRYO	OSMOSIS
ENZYME	PLANTS
PATHOGEN	PROTEIN
EVOLUTION	REPTILE
HORMONE	MAMMAL
COLLAGEN	SYMBIOSIS
MUTATION	SYNAPSE
NATURAL	CELL

31 - Garten

```
Q Z I I V L V H T T N H W G I I
J C X A U L A F T R Q H H A N X
B P R A K E O W D E C A R R E T
S O I L Y V I G N E F K T A Q S
H O S E Y O I R O G T Y H G N O
T W E O V H C A P Q A C N E B F
F Z N P R S O S V D G R E P Q S
E N I W S D H S T D K K D J U H
Y Z L W E E D S B E N C H E L U
Z F O F L O W E R W J O E J N P
K S P F E N C E B S N M D Q V U
C E M U D W Z C Y O G M L H O W
D R A H C R O B D I L A U M T H
P O R C H Z C E U U N H J G G W
J N T C J G L R V S J J G K U X
P W C Y G R O W S K H E T U H W
```

BENCH
TREE
FLOWER
SOIL
BUSH
GARAGE
GARDEN
GRASS
HAMMOCK
ORCHARD

LAWN
RAKE
SHOVEL
HOSE
POND
TERRACE
TRAMPOLINE
WEEDS
PORCH
FENCE

32 - Antarktis

```
H A V S X Z C B M P I G T V T Z
D M M Q G T Q D I E G K Q I O C
U M I M I D Y O N N I F J B P C
A H N G U H S R E I C A L G O O
Y K C O R L R J R N R W K W G N
V S C G I A E U A S E S A D R T
H D Q L K T T R L U H G E V A I
T R D Z G E A I S L C I G B P N
V I Y W F G W V O A R O T X H E
G B W E A T H E R N A G T G Y N
M A R F Z D H T S E E K X E G T
V Y R Y V A T T D I S D N I W E
T E M P E R A T U R E N H K Y S
B D M U Q M Y H P A R G O E G B
E X P E D I T I O N G O C C Q A
E N V I R O N M E N T U S I W I
```

BAY
ICE
CONSERVATION
EXPEDITION
ROCKY
RESEARCHER
GEOGRAPHY
GLACIERS
PENINSULA
CONTINENT

MIGRATION
MINERALS
TEMPERATURE
TOPOGRAPHY
ENVIRONMENT
BIRDS
WATER
WEATHER
WINDS

33 - Fahren

```
T  Q  H  F  Y  F  G  Y  C  O  M  K  Y  R  P  G
Q  G  C  I  F  F  A  R  T  N  E  D  I  C  C  A
P  O  M  T  H  G  R  C  O  B  C  G  B  A  V  F
A  T  R  U  C  K  A  I  P  O  R  W  K  W  X  N
M  S  P  E  E  D  G  C  T  W  X  C  Q  Y  V  I
H  O  Y  Y  W  S  E  R  U  X  H  D  D  X  I  C
C  C  T  Y  U  I  H  Z  N  D  A  N  G  E  R  X
P  N  D  O  X  O  E  Q  N  J  M  A  I  C  F  X
S  B  L  X  R  S  Q  Q  E  X  M  O  S  I  I  F
T  L  U  C  J  C  P  O  L  E  U  F  T  L  K  V
P  F  D  S  O  Z  Y  F  S  B  A  P  U  O  D  Y
U  D  Z  E  Q  D  T  C  B  Z  T  C  L  P  R  C
Y  F  L  K  I  Q  E  R  L  C  A  U  T  I  O  N
S  U  M  A  G  R  F  H  P  E  S  N  E  C  I  L
C  P  G  R  M  N  A  I  R  T  S  E  D  E  P  V
X  Z  N  B  X  S  S  C  A  R  G  A  S  G  V  S
```

CAR	LICENSE
BRAKES	TRUCK
FUEL	MOTOR
BUS	MOTORCYCLE
PEDESTRIAN	POLICE
GARAGE	SAFETY
GAS	TUNNEL
DANGER	ACCIDENT
SPEED	TRAFFIC
MAP	CAUTION

34 - Physik

```
J U N I V E R S A L P N A J P J
M A G N E T I S M M A G F O U P
W M N Z K X J S N O R T C E L E
D Z Q A X Z T A Y Y T I S N E D
E Y Y M V F Z M V M I Q D A E M
E X P E R I M E N T C D D L G O
N N B X Q D O T R Z L M I U A L
A S I J O R T V A N E Y E M T E
G G L G E S A G E R Q Z Q R W C
A F A G N S A N L L S V N O P U
C J C G N E C Y C M O Y F F H L
M O I Y M V O O U Y A C Q A U E
H K M E V B S N N J H Z I D L A
F R E Q U E N C Y H C U T T A E
U U H R E L A T I V I T Y Z Y D
M E C H A N I C S O O S F M O U
```

ATOM
CHAOS
CHEMICAL
DENSITY
ELECTRON
EXPERIMENT
FORMULA
FREQUENCY
GAS
VELOCITY

MAGNETISM
MASS
MECHANICS
MOLECULE
ENGINE
NUCLEAR
PARTICLE
RELATIVITY
UNIVERSAL

35 - Bücher

```
N C Y A S I Z K D N E T T I R W
E E O L R O H T U A R W T J A I
O H D L F S R E A R U N Y T P W
V O C B L K U F L R T M O H H A
D K Q M B E R S I A N M R I Z L
P O E T R Y C U T T E J E S K U
L S E R I E S T Y O V Q A T A T
K I Z X Z X E X I R D I D O D Q
S H T I Y N C E N O A N E R K R
L U F E G A P T O A N V R I T K
N W O L R B F N V E V E G C Q O
S T O R Y A U O E P T N P A N U
Y I B C O E R C L I R T O L L I
D K Q U O M D Y Z C V I E P P U
T R A G I C U X P U G V M X K I
U X H H Z Q J H P U I E Q O D Q
```

ADVENTURE	HUMOROUS
AUTHOR	COLLECTION
DUALITY	CONTEXT
EPIC	READER
INVENTIVE	LITERARY
NARRATOR	POETRY
POEM	NOVEL
STORY	PAGE
WRITTEN	SERIES
HISTORICAL	TRAGIC

36 - Menschlicher Körper

```
J H Q B Q V X J P N Z H V O P O
F E C A F J F Y D E C E L K N A
I A M O U T H J F C G A X Q S C
N R N Z P O Y F T K L D V J W R
G T Y P M Y L J M P J O G V E C
E U G N O T M Z Z A V O K A Q D
R C P T G G Z H C Y A L W L I P
K S B M S P S Z I M W B W U K L
S H O U L D E R J X W I H L Z O
W H A N D N S E P W V R V B Q L
S G F I X U O V N C E K S K F P
P O L H Q N N Y I K L A L O Y C
Y B T C R P H W A J B E X E W S
N K Z N G Q P K R F O O A J G K
L R X L I U G G B U W M S R B I
H Z E R X C V R Y U Y Z L D B N
```

LEG	JAW
BLOOD	CHIN
ELBOW	KNEE
FINGER	ANKLE
BRAIN	HEAD
FACE	MOUTH
NECK	NOSE
HAND	EAR
SKIN	SHOULDER
HEART	TONGUE

37 - Agronomie

```
A Y R Y E L B A N I A T S U S V
L G V C S N R U R A L C T U F E
C O R R S F V V F U Y F N Y M G
O L E I B T J I Z C P D A Z S E
P O Z Z C N M H R N T I L M O T
A C I P W U Y I L O W L P Y I A
U E L R H Q L H B I N A Z G L B
K C I O P I T T F S I M T R G L
O N T D Q R K W U O F J E E D E
R E R U M W R O S R P D Z N R S
G I E C K X C R Y E E Y W E T A
A C F T L H U G D I S E A S E S
N S N I P O L L U T I O N B E R
I D S O S Y P F T S Y S T E M S
C L S N Y R B C S Q H P N C X B
I I X U K H Y V W F E P C V Q J
```

SOIL
FERTILIZER
ENERGY
EROSION
VEGETABLES
DISEASES
AGRICULTURE
RURAL
SUSTAINABLE
ORGANIC

ECOLOGY
PLANTS
PRODUCTION
STUDY
SYSTEMS
ENVIRONMENT
POLLUTION
GROWTH
WATER
SCIENCE

38 - Landschaften

```
F U R V G J I H Z N I V B R I P
M I H C A E B C U Z E P W S F X
T E I C L L B P X U X D K W A H
D Q U Y U Z L J M Y L T V A Y E
B E V F S R Z E T J P O X M D T
M R O L N G X I Y G U L F P M Y
X E Q R I T U N D R A H I L L P
O I D Q N B O J V N H R N G R U
A C S X E N D U E G R E B E C I
S A H L P L A K E C F I P L Y R
I L U H A G W P M O M R V Y E D
S G B W E N I A T N U O M E D E
Y R W I S O D V O L C A N O R S
W A T E R F A L L P C A V E C E
V J G E Y S E R F Q P G O W Q R
E G V A B Q J Z N W L G V O Y T
```

MOUNTAIN	SEA
ICEBERG	OASIS
RIVER	LAKE
GEYSER	BEACH
GLACIER	SWAMP
GULF	VALLEY
PENINSULA	TUNDRA
CAVE	VOLCANO
HILL	WATERFALL
ISLAND	DESERT

39 - Abenteuer

```
D N E A E H G F E F Z N P J N O
B I A N O I S R U C X E R F A P
R Z F G Y B A I Y T U A E B T P
A U Z F T D E E V W E N P M U O
V B H H I E L N D N A A A K R R
E I C F V C A D V Y K V R Q E T
R Q E P I N U S S X W I A G W U
Y M L F T A S L K D J G T S H N
R I F N C H U W T S J A I W M I
V X C F A C N T C Y E T O G R T
S O F T L N U U R R T I N B K Y
Q E L K Q Y P G D A Z O A P R O
S U R P R I S I N G V N H V U J
T I T I N E R A R Y T E F A S C
D A N G E R O U S R L S L C S L
U X N F V N O I T A N I T S E D
```

ACTIVITY
EXCURSION
CHANCE
JOY
FRIENDS
DANGEROUS
OPPORTUNITY
NATURE
NAVIGATION
NEW

TRAVELS
ITINERARY
BEAUTY
DIFFICULTY
SAFETY
BRAVERY
UNUSUAL
SURPRISING
PREPARATION
DESTINATION

40 - Flugzeuge

```
R T J V X L T M Y A N F N Q P H
G R N O I T C U R T S N O C R Y
X N T D Y O Y U Z M S C P M O D
H Y P W R G E W Y O U B A V P R
E R U T N E V D A S F K N Q E O
I O L X U G D U I P Q X S K L G
G T S P G A K S V H F J X L L E
H S C K E S R C L E W N M Q E N
T I E P X K Y K N R L E U F R P
F H J H K Y J X I E P N R X S I
P A S S E N G E R H T G O C M L
T U R B U L E N C E K I E D G O
D E S C E N T L J T Y N N M X T
W R W E A T H E R K Z E L L D R
E I P Z B A L L O O N G I S E D
N A V I G A T E X F Z X M U A F
```

ADVENTURE
DESCENT
ATMOSPHERE
BALLOON
FUEL
CREW
DESIGN
HISTORY
SKY
HEIGHT

CONSTRUCTION
AIR
ENGINE
NAVIGATE
PASSENGER
PILOT
PROPELLERS
TURBULENCE
HYDROGEN
WEATHER

41 - Haartypen

```
B F Y Y G X B J T M R U U G Z S
N R J R F B N R H N G J T H G O
T K U D Q B F Y A R G B A L D F
H E A L T H Y R W I E A C U N T
P A G Y N W S D A X D D A S O L
K P T C W K J W V P L E C I L O
T C O L O R E D Y Z N B D L B N
R H A F R C U R L S N J B V I G
O S I L B O Q W H I T E R E L B
H K E C B F S O O J L P A R C Y
S D F W K A O K D A G K I H R F
C U R L Y P W X X I X O D P S W
C C G O W F D J P V E G S A M J
E Q N W W H M J A D C M Y O E O
H K Q M H P S U S W Y B T H I N
K D O W Z X B D P F K R P C G N
```

BLOND	LONG
BROWN	CURLS
THICK	CURLY
THIN	BLACK
COLORED	SILVER
BRAIDED	DRY
HEALTHY	SOFT
GRAY	WHITE
BALD	WAVY
SHORT	BRAIDS

42 - Essen #1

```
R  I  A  G  X  S  G  P  E  A  R  A  G  U  S  P
P  U  B  T  T  P  C  A  U  L  V  N  O  V  N  P
P  Q  R  N  N  I  O  I  R  O  R  U  N  G  O  Y
J  M  I  L  K  N  N  M  L  L  S  T  V  A  M  H
L  U  P  V  H  A  I  S  K  L  I  S  A  L  A  D
E  H  I  H  U  C  O  G  B  W  W  C  Y  I  N  X
M  Y  N  C  J  H  N  E  P  X  V  T  R  S  N  P
O  E  R  F  E  M  J  Q  E  A  I  E  R  A  I  Y
N  Y  U  S  X  G  X  Y  V  T  U  U  E  B  C  E
X  S  T  M  L  X  A  X  K  Z  H  A  B  V  O  D
E  D  K  N  V  H  P  N  V  K  X  A  W  Z  P  K
C  O  F  F  E  E  M  Q  C  W  N  X  A  G  E  Y
A  P  L  E  N  U  R  P  Y  M  T  O  R  R  A  C
Y  W  G  H  T  W  R  E  Y  S  A  L  T  E  N  X
B  U  X  R  O  H  E  X  B  I  E  X  S  O  U  M
P  H  R  D  S  H  K  R  J  Z  M  X  E  Q  T  U
```

BASIL
PEAR
STRAWBERRY
PEANUT
MEAT
COFFEE
CARROT
GARLIC
MILK
TURNIP

JUICE
SALAD
SALT
SPINACH
SOUP
TUNA
CINNAMON
LEMON
SUGAR
ONION

43 - Ethik

```
P R H I R R C O O P M K P Z C W
H E O N A E P O P W N K Q W Z V
I A N D T S Y V M T N B N A O B
L S E I I P T E S P I D K K J L
O O S V O E I C I F A M M F C U
S N T I N C R N U A W S I B Q B
O A Y D A T G E R T Y I S S U W
P B T U L F E I T I W I S I M L
H L I A I U T T L S O J O D O W
Y E N L T L N A A O V V I E O N
T A A I Y D I P L O M A T I C M
I N M S T O L E R A N C E Z A I
N J U M S I L A E R Q R E R I M
G W H C O O P E R A T I O N D E
I G V A L U E S S E N D N I K L
D A L M H S Z S R S J C Q Y A X
```

ALTRUISM	PHILOSOPHY
DIPLOMATIC	RATIONALITY
HONESTY	REALISM
KINDNESS	RESPECTFUL
PATIENCE	TOLERANCE
INDIVIDUALISM	REASONABLE
INTEGRITY	WISDOM
HUMANITY	VALUES
COMPASSION	DIGNITY
OPTIMISM	COOPERATION

44 - Gebäude

```
U K E I B A W Z A X G K K H J Z
O B S E R V A T O R Y A S J D A
S U P E R M A R K E T O R Z K J
E S Y H N U G T X O G Y Q A N N
Y A P O N I B A C U H Z K D G U
U X P S L D U C S N R A B U N E
H B B T Y A N Y A Q E F G T M L
M O N E K T I W J W W N N W Y A
U Z T L A S V I T L O O H C S B
S J R E T A E H T A T A T I S O
E I N W L U R O N T R C T N A R
U F A R M E S C E I V E E E B A
M K R Q S Y I L T P Q S Z M M T
U D B Q K T T H C S W B K A E O
R H Y W D I Y G I O E U V O Y R
F A C T O R Y K Y H W O Z Q P Y
```

FARM	MUSEUM
EMBASSY	OBSERVATORY
FACTORY	BARN
GARAGE	SCHOOL
HOSTEL	STADIUM
HOTEL	SUPERMARKET
CABIN	THEATER
CINEMA	TOWER
HOSPITAL	UNIVERSITY
LABORATORY	TENT

45 - Mode

```
Z E B U S V Q H N X X V O Y U C
B O U T I Q U E R B Q T H F S M
B C R B U E Q G E K I K J P K O
U L V N E L B A T R O F M O C D
T O L M O D E S T M V R C M A E
T T O A T S I L A M I N I M S R
O H K E C X Q G P A I K R W E N
N I T R O E E R U M W L B H X L
S N I N M P R A C T I C A L P O
X G E V F L U D N N U S F A E F
S T Y L E H T M J A V O C N N B
K N I U X P X G S G M P F I S L
S I H P V C E N N E B F P G I X
T R E N D Q T A M L T X O I V O
Y R E D I O R B M E V R P R E J
A F F O R D A B L E F S F O M Z
```

MODEST
BOUTIQUE
SIMPLE
ELEGANT
AFFORDABLE
CLOTHING
COMFORTABLE
MINIMALIST
MODERN
PATTERN

ORIGINAL
PRACTICAL
LACE
EMBROIDERY
STYLE
FABRIC
BUTTONS
EXPENSIVE
TEXTURE
TREND

46 - Angeln

```
T E X T W A T E R X O T T X O V
W V O H V K K T J O Y C G E V X
B H X G X Q L W P Q M R E V I R
P A T I E N C E C C A T J A F D
Z H C E G B D F Z V N D K M N G
T P N W K F F F D F U I U G N O
L A A L F X C H C A E B Y A J O
H P B Q B C T O S S E L A C S R
Q W I R E P N O X T E Z I A Z S
G E Y S L T E K S A B A O S H T
I N D A U I M K O O C J S Z R I
L Y Y P J A P O A B N A U O P J
L G K X G B I U E L H W L U N C
S B A V M J U F I N S N U W K G
C N B U K R Q G M A H U I H T W
N O I T A R E G G A X E F V S N
```

EQUIPMENT	GILLS
BOAT	COOK
WIRE	BASKET
FINS	BAIT
RIVER	OCEAN
PATIENCE	LAKE
WEIGHT	BEACH
HOOK	EXAGGERATION
SEASON	SCALES
JAW	WATER

47 - Essen #2

```
R W H A M B T X T L C L A B N W
T C S J C K A H P Z K A R R V C
H M I S V N B N O P V A T O A H
F H F J Q W T A A V O X I C L E
T O M A T O H N W N Z Z C C M E
K R I C E C R I F B A A H O O S
L D T A S P A R A G U S O L N E
S A M U W I D W H E A T K I D O
C H O C O L A T E A Y R E L E C
V F O W M N E R A L P G Y M I S
N Z R T V L R U H E Q P E Y J U
E V H Y T M B G M T B W L Q Y E
G V S J T Y K O Q X F O Z E F Q
G V U A X D E Y R R E H C H T R
S H M A W E G G P L A N T E D F
Z O K L L A Q M V A T D J N D U
```

APPLE
ARTICHOKE
EGGPLANT
BANANA
BROCCOLI
BREAD
EGG
FISH
YOGURT
CHEESE

CHERRY
ALMOND
MUSHROOM
RICE
HAM
CHOCOLATE
CELERY
ASPARAGUS
TOMATO
WHEAT

48 - Energie

```
J  G  H  P  E  D  I  E  S  E  L  T  S  A  Q  B
M  S  E  H  L  N  O  B  R  A  C  U  E  U  D  L
D  E  A  O  P  E  V  C  S  X  X  R  N  W  N  Z
M  L  T  T  O  G  C  I  Y  E  U  B  T  K  I  N
H  W  R  O  L  O  H  R  R  W  Y  I  R  R  W  U
W  S  B  N  L  R  N  T  E  O  J  N  O  O  W  C
K  C  P  I  U  D  I  C  T  R  N  E  P  B  R  L
M  A  O  C  T  Y  N  E  T  E  O  M  Y  B  Z  E
F  U  E  L  I  H  D  L  A  N  R  I  E  W  I  A
C  U  N  K  O  N  U  E  B  E  T  M  V  N  B  R
U  K  I  F  N  U  S  S  N  W  C  L  Q  U  T  O
X  K  L  A  X  T  T  V  E  A  E  Q  V  H  F  T
F  U  O  P  Q  I  R  C  P  B  L  E  T  R  G  O
G  O  S  C  Y  C  Y  Y  T  L  E  U  O  D  I  M
Y  M  A  G  I  S  Q  G  H  E  G  F  H  Z  K  J
F  U  G  M  A  U  T  X  F  E  Q  W  T  Q  N  M
```

BATTERY
GASOLINE
FUEL
DIESEL
ELECTRIC
ELECTRON
ENTROPY
RENEWABLE
HEAT
INDUSTRY

CARBON
MOTOR
NUCLEAR
PHOTON
SUN
TURBINE
ENVIRONMENT
POLLUTION
HYDROGEN
WIND

49 - Familie

```
W  I  F  E  O  S  C  X  A  N  C  E  S  T  O  R
D  P  Y  I  F  O  N  X  D  O  A  N  T  I  K  D
Q  K  Y  S  P  B  A  C  I  M  M  J  X  B  I  Q
M  O  T  H  E  R  E  H  T  O  M  D  N  A  R  G
K  Z  L  A  N  R  E  T  A  M  O  L  C  G  E  P
U  K  F  E  R  E  L  T  O  V  N  I  O  R  T  D
F  A  T  H  E  R  C  Z  H  T  A  H  U  A  S  N
O  L  O  V  H  W  N  J  Z  G  G  C  S  N  I  E
P  I  J  O  T  N  U  A  X  N  U  J  I  D  S  P
G  Z  R  R  O  L  R  H  W  G  D  A  N  F  L  H
I  G  N  G  R  H  U  S  B  A  N  D  D  A  X  E
S  C  M  W  B  B  E  G  E  Y  A  M  A  T  M  W
G  R  A  N  D  S  O  N  N  I  E  C  E  H  K  P
C  H  I  L  D  H  O  O  D  G  M  O  I  E  X  M
P  A  T  E  R  N  A  L  W  Z  Q  T  G  R  M  E
N  F  K  E  R  D  V  W  J  M  H  Y  K  A  P  L
```

BROTHER	NEPHEW
WIFE	NIECE
HUSBAND	UNCLE
GRANDSON	SISTER
GRANDMOTHER	AUNT
GRANDFATHER	DAUGHTER
CHILD	FATHER
CHILDHOOD	PATERNAL
MOTHER	COUSIN
MATERNAL	ANCESTOR

50 - Pflanzen

```
S W Z X A L Z U I N P H A X B R
M J M E H O K Y S W C F M T E Z
C J W Z F G E T K D E E E K R D
M A V D F Q E J T Q Q Y D D R H
V P T N C C D Q E U X X D I Y K
F E F E R T I L I Z E R M O S S
R G G L E M S C B R E H A Q X E
L A T E P S B J X O R E W O L F
E I W E T S K P P E T V X H O A
V L F Z O A R O L F H A Q R I C
W O M O O R T M U X S K N E K G
M F K Z R G I I E D U T A Y V I
Z G O E M E L A O O B M A B G X
Q M M T O U S T U N E D R A G T
B E A N K Z C T C A C T U S T D
T I R Y S P X R T L Q Z M E B S
```

BAMBOO	FLORA
TREE	GARDEN
BERRY	GRASS
FLOWER	CACTUS
PETAL	HERB
BEAN	FOLIAGE
BOTANY	MOSS
BUSH	VEGETATION
FERTILIZER	FOREST
IVY	ROOT

51 - Gewürze

```
M  J  V  G  X  S  X  U  F  F  N  F  J  C  X  M
V  N  O  I  N  O  A  L  L  I  N  A  V  L  T  C
L  P  M  N  X  G  P  L  E  N  N  E  F  O  D  B
A  T  B  G  Z  E  G  I  T  E  E  W  S  V  S  D
Y  R  X  E  C  I  R  O  C  I  L  Q  A  E  F  S
C  I  L  R  A  G  U  C  S  W  H  C  C  K  V  P
C  O  O  E  Y  M  N  Q  P  Z  S  G  G  C  P  E
U  U  V  T  S  O  U  R  N  O  R  F  F  A  S  P
R  Z  G  T  V  M  Q  O  U  F  P  F  T  T  W  P
R  P  S  I  F  A  C  L  T  U  L  K  H  R  H  E
Y  A  C  B  Z  D  K  H  M  H  H  A  U  O  S  R
L  P  N  G  D  R  J  X  E  T  T  R  V  L  O  F
Z  R  H  H  X  A  I  O  G  S  L  M  N  O  O  F
O  I  W  X  H  C  X  F  Q  R  I  S  N  N  R  J
U  K  L  P  F  D  E  N  O  M  A  N  N  I  C  N
S  A  K  J  A  S  O  M  I  M  P  Y  A  G  H  C
```

ANISE	CLOVE
BITTER	PAPRIKA
CURRY	PEPPER
FENNEL	SAFFRON
FLAVOR	SALT
GINGER	SOUR
CARDAMOM	SWEET
GARLIC	VANILLA
LICORICE	CINNAMON
NUTMEG	ONION

52 - Kreativität

```
S  I  O  I  G  W  K  M  C  G  S  A  E  D  I  I
U  T  N  F  S  G  N  I  L  E  E  F  P  A  T  N
O  N  O  V  J  Q  Q  J  A  W  N  S  W  B  F  T
M  O  I  U  E  L  L  Y  R  O  S  R  H  N  Y  U
M  I  S  W  W  N  Y  C  I  T  A  M  A  R  D  I
Q  S  S  B  G  X  T  D  T  D  T  Y  P  N  H  T
W  S  E  W  J  D  I  I  Y  L  I  D  D  S  E  I
Y  E  R  K  J  N  C  Z  V  A  O  S  A  N  I  O
T  R  P  E  V  C  I  J  B  E  N  M  K  O  F  N
I  P  X  N  O  I  T  A  R  I  P  S  N  I  C  O
S  M  E  J  F  Y  N  T  M  B  V  R  R  S  L  A
N  I  A  G  N  N  E  A  R  T  I  S  T  I  C  L
E  Y  F  G  R  U  H  K  B  W  L  J  O  V  G  T
T  M  J  I  E  Y  T  I  D  I  U  L  F  P  T  I
N  R  P  W  V  S  U  O  E  N  A  T  N  O  P  S
I  M  N  O  I  T  A  N  I  G  A  M  I  C  T  Y
```

EXPRESSION	INSPIRATION
AUTHENTICITY	INTENSITY
IMAGE	INTUITION
DRAMATIC	CLARITY
IMPRESSION	ARTISTIC
INVENTIVE	IMAGINATION
SKILL	SENSATION
FLUIDITY	SPONTANEOUS
FEELINGS	VISIONS
IDEAS	

53 - Geschäft

```
A A C P Z B E B G T P J L L U W
C S E I G U F U Q D R R P Y G N
S U I O U D C A D C T A X E S O
A D R K G G U A C Z U K C N K N
L Q A R F E H K R T I N C O M E
E B B T E T H L O E O T Q I M C
O J N X V N S I U S E R O T A I
M O N E Y C C S H O P R Y C N F
E B N H C C D Y Y P S M I A A F
M P D F E D I S C O U N T S G O
P E Z T N E M T S E V N I N E N
L Q Q J E M P L O Y E E F A R L
O E C O N O M I C S N L O R C U
Y Y S D J I D M Q N P Z R T O L
E S I D N A H C R E M Q P E S R
R Z N A S Q L U H D C C T K T I
```

EMPLOYER
BUDGET
OFFICE
INCOME
FACTORY
MONEY
SHOP
PROFIT
INVESTMENT
CAREER

COST
MANAGER
EMPLOYEE
DISCOUNT
TAXES
TRANSACTION
SALE
MERCHANDISE
CURRENCY
ECONOMICS

54 - Ingenieurwesen

```
U V P N N J M U Q L B Z R Q L M
Y U B R W G D I E S E L M E R O
V Y B N O I T A L U C L A C K T
F C L L M P J X G L W J A H N O
T N E M E R U S A E M C J X O R
D C L Q L Y C L N T D G J V I R
I I P O G Y F J S R A E G E T S
U T A X N U M X A I M J G K C S
Q J X M A U K P X T O D I S U T
I B D R E N I H C A M N Y E R A
L V K P H T G N E R T S G G T B
T D E P T H E R U T C U R T S I
Y E P Q Z Y S R E V E L E D N L
D I S T R I B U T I O N N O O I
D I A G R A M D H Q W S E Z C T
Z D J O T Y R U F X D W P N F Y
```

AXIS
PROPULSION
CALCULATION
DIAGRAM
DIESEL
DIAMETER
ENERGY
LIQUID
GEARS
LEVERS

CONSTRUCTION
MACHINE
MEASUREMENT
MOTOR
STABILITY
STRENGTH
STRUCTURE
DEPTH
DISTRIBUTION
ANGLE

55 - Kaffee

```
E B X O T P X Y S I F L R F X N
V L I R E T A W U P I S F L O S
A A K I C C K I G N U S B A L Q
R C P G J O I M A C Q N A V U T
I K U I J P N R R Q S Z Z O Y K
E I C N M I L K P F T J F R Q M
T H I C A F F E I N E D T U H C
Y B D C W W L G M O R N I N G J
Z D I U Q I L A C S O B N K O P
M N C T Z L R R C G L Q J M M A
A I A L T D D E T S A O R P O U
E R V J G E V V F I L T E R L M
R G O E Q J R E J I R E M W M M
C C D M Y X E B S K L S C C L M
S M B S A N N W Y C T T B S X B
H Q J V K F Y J V S P D R L R T
```

AROMA
BITTER
CREAM
FILTER
LIQUID
ROASTED
FLAVOR
BEVERAGE
CAFFEINE
GRIND

MILK
MORNING
PRICE
ACIDIC
BLACK
CUP
ORIGIN
VARIETY
WATER
SUGAR

56 - Gemüse

```
A R T I C H O K E N B B Q C Y I
Q E A T N I K P M U P R U U B L
J W P N G M L Q T E I O F C E G
H O T A T O P R Z Z N C M U V F
F L O L V O K E A H R C C M E F
O F R P V R N G N G U O E B O C
Z I R G K H N N V T L L E N S
P L A G B S Y I X V D I E R X A
T U C E I U D G Y E L S R A P L
Q A O M S M W Y O V G G Y C F A
Y C I S P T O M A T O E Y B H D
U P Y T I C N J X S B A V I F X
Y H L W N O I N O C O L I V E U
H V M Z A Y V B Z B N S N F G X
C X W O C W W U G N H A A Q H N
V X Q J H A Q U K H H H P O V F
```

ARTICHOKE

EGGPLANT

CAULIFLOWER

BROCCOLI

PEA

CUCUMBER

GINGER

CARROT

POTATO

GARLIC

PUMPKIN

OLIVE

PARSLEY

MUSHROOM

TURNIP

SALAD

CELERY

SPINACH

TOMATO

ONION

57 - Schönheit

```
E  S  V  F  M  R  A  H  C  Z  P  Z  H  I  U  V
C  L  C  S  C  I  Z  U  W  Z  R  U  H  U  N  J
A  H  E  I  G  Y  R  F  B  C  O  C  U  R  L  S
R  P  I  G  S  G  R  R  V  X  D  D  R  W  B  K
G  P  O  P  A  S  T  P  O  E  U  L  G  A  Q  D
K  T  O  C  H  N  O  O  Z  R  C  G  X  S  S  A
F  V  P  O  A  T  C  R  M  X  T  D  C  F  J  F
Y  O  M  B  B  T  I  E  S  T  S  I  L  Y  T  S
F  R  A  G  R  A  N  C  E  S  S  C  E  L  F  C
O  Z  H  F  S  R  E  X  I  E  M  O  L  I  Q  I
S  T  S  M  M  A  G  O  O  R  O  L  E  P  G  T
X  Q  L  Q  Z  C  O  B  I  V  O  O  G  S  P  E
F  H  Z  T  P  S  T  S  L  I  T  R  A  T  Z  M
K  X  U  D  Z  A  O  K  S  C  H  H  N  I  I  S
U  B  L  S  N  M  H  I  O  E  Q  R  T  C  A  O
S  J  R  O  C  K  P  N  W  S  E  C  C  K  J  C
```

GRACE
CHARM
SERVICES
FRAGRANCE
ELEGANT
ELEGANCE
COLOR
PHOTOGENIC
SMOOTH
SKIN

COSMETICS
LIPSTICK
CURLS
OILS
PRODUCTS
SCISSORS
SHAMPOO
MIRROR
STYLIST
MASCARA

58 - Tanzen

```
T  R  A  J  X  K  G  R  C  Z  M  P  P  G  A  V
N  R  L  Z  U  B  O  D  Y  U  X  A  O  U  C  I
E  M  A  Z  E  M  H  T  Y  H  R  R  S  D  A  S
M  U  R  D  V  U  P  I  U  J  L  T  T  A  D  U
E  N  U  O  I  V  A  W  J  N  A  N  U  A  E  A
V  Z  T  U  S  T  J  P  R  L  C  E  R  D  M  L
O  Q  L  X  S  R  I  N  A  A  I  R  E  V  Y  I
M  S  U  T  E  E  Z  O  J  S  S  M  M  J  P  G
P  E  C  A  R  G  V  I  N  R  S  B  U  Z  A  R
C  U  R  K  P  J  R  T  N  A  A  A  A  S  M  I
G  L  S  H  X  C  F  O  B  E  L  O  H  F  I  B
E  U  F  A  E  C  J  M  U  H  C  G  S  R  U  C
D  F  E  X  P  F  A  E  M  E  R  U  T  L  U  C
F  Y  H  P  A  R  G  O  E  R  O  H  C  R  H  S
E  O  L  F  R  V  W  C  Q  G  A  B  S  Z  I  E
E  J  O  J  S  J  V  Z  H  X  N  V  B  G  V  X
```

ACADEMY	CULTURE
GRACE	CULTURAL
EXPRESSIVE	ART
MOVEMENT	MUSIC
CHOREOGRAPHY	PARTNER
EMOTION	REHEARSAL
JOYFUL	RHYTHM
POSTURE	JUMP
CLASSICAL	TRADITIONAL
BODY	VISUAL

59 - Ernährung

```
G C D I G E S T I O N H Q A F F
A A F X B J D N U R I Y K P L E
Z L M F S B D I J M X R M P C R
D O G D T K X S V I O M V E A M
R R B X H B A L U Q T G V T R E
A I R Z G H E A L T H Y S I B N
Y E L B I D E E F D I E T T O T
Q S N I E T O R P L F E Q E H A
U F I N W D N E E W A X Z B Y T
A Z M U B E Q C D T S V S Z D I
L O A T Q C U D S H T A O X R O
I C T R T N F V C X J I D R A N
T L I I R A H E A L T H B Z T T
Y P V E J L V F B O J M A R E B
M I H N S A U C E Q I R P O S Z
A L N T B B R U V P J G X M L Z
```

APPETITE	WEIGHT
BALANCED	CALORIES
BITTER	CARBOHYDRATES
DIET	NUTRIENT
EDIBLE	PROTEINS
FERMENTATION	QUALITY
FLAVOR	SAUCE
HEALTHY	TOXIN
HEALTH	DIGESTION
CEREALS	VITAMIN

60 - Länder #1

```
K  J  L  L  D  N  A  L  O  P  D  H  X  K  Y  Z
J  U  Q  Y  K  I  O  Z  G  R  E  M  D  G  N  Q
N  Z  M  L  L  T  Y  R  S  E  N  E  G  A  L  B
C  G  K  A  J  K  O  R  W  I  B  W  K  J  N  F
S  I  L  T  L  A  L  A  O  A  I  V  T  A  L  F
S  P  A  I  N  I  C  D  V  Q  Y  M  P  L  E  I
Q  N  N  W  F  Y  C  A  Z  C  D  Y  Y  E  A  N
G  E  R  M  A  N  Y  Y  N  Z  A  E  G  U  R  L
C  A  M  B  O  D  I  A  W  A  S  Q  E  Z  S  A
I  I  D  A  F  P  S  X  T  I  D  Z  V  E  I  N
Y  E  I  N  D  I  A  M  U  N  N  A  I  N  L  D
N  D  M  T  K  Y  O  A  I  A  R  U  E  E  F  Y
A  T  B  U  I  R  A  Q  F  M  G  D  T  V  Q  W
F  W  M  B  R  S  G  I  R  O  P  Z  N  X  X  K
N  I  C  A  R  A  G  U  A  R  C  J  A  G  F  E
B  R  A  Z  I  L  P  H  D  H  G  O  M  T  P  S
```

EGYPT	LATVIA
BRAZIL	MALI
GERMANY	NICARAGUA
FINLAND	NORWAY
INDIA	POLAND
IRAQ	ROMANIA
ISRAEL	SENEGAL
ITALY	SPAIN
CAMBODIA	VENEZUELA
CANADA	VIETNAM

61 - Technologie

```
S C A M E R A U H B R F O N T O
Q T E N R E T N I Y L L E O P S
D G A Y Q D B Z N T A G K H E X
Z T T T Q R I S C E S C R E E N
I Y A I I E N S Z S O V X Q B Y
S L D R Q S Z K P U L C M E H K
H L P U O W T I N L A T I G I D
H C O C U O J I R R A U D A O C
R E S E A R C H C T G Y H S T O
O L C S H B E F B S G W P S F M
S I V M E T G W K E W U Q E I P
R F I H D A P S C H R V D M A U
U F R U N B A G T Q J V P O N T
C G U F D X C S O F T W A R E E
Y P S S G M X G X L F Y Y Q V R
V I R T U A L F Q R B M S G E V
```

DISPLAY
SCREEN
BLOG
BROWSER
BYTES
COMPUTER
CURSOR
FILE
DATA
DIGITAL

RESEARCH
INTERNET
CAMERA
MESSAGE
FONT
SECURITY
SOFTWARE
STATISTICS
VIRTUAL
VIRUS

62 - Science Fiction

```
Z N U T O P I A F N I Y L I R Y
E X P L O S I O N I F G N A D T
T E C H N O L O G Y R W H U B A
W F U Z D W H T H Y Y E J L Y H
R E A L I S T I C Q R M Y S Q O
U E P K S O K E L X N O L H F R
I D X G X M W O I R A N E C S A
C I N E M A I P O T S Y D I T C
P L A N E T S A G B I R T T O L
G R M Q K H I K A W L A R S B E
E D B G K F V J L C L N J A O S
P M D M C X E W A V U I A T R G
W O R L D E T Q X B S G X N B Z
F E X T R E M E Y C I A F A G D
F U T U R I S T I C O M V F G N
M Y S T E R I O U S N I A O U Q
```

BOOKS
DYSTOPIA
EXPLOSION
EXTREME
FANTASTIC
FIRE
FUTURISTIC
GALAXY
MYSTERIOUS
ILLUSION

IMAGINARY
CINEMA
ORACLE
PLANET
REALISTIC
ROBOTS
SCENARIO
TECHNOLOGY
UTOPIA
WORLD

63 - Literatur

```
F W U H B B F C I T E O P Z D C
Z I P Z O A S O Y Z U F G L E O
I D C D G M X N M T G I A V S M
I D U T X A S C M V O H C L C P
B F R E I B X L Y H L E J X R A
W P Z O T O I U I M A U G Q I R
C Y S S N S N S O T I E V S P I
Y H P A R G O I B R D W N T T S
G M L E V O N O A Q Y X K Y I O
O E E T W K J N V N P H B L O N
L T M O R O T A R R A N E E N W
A A P D O A Z K N I Y L M U S G
N P O C H P G H W M H T Y H R R
A H E E T B P E F Z U H H S H N
I O M N U Q D U D G Z O R Q I G
H R N A A O W K I Y T H E M E S
```

ANALOGY
ANALYSIS
ANECDOTE
AUTHOR
DESCRIPTION
BIOGRAPHY
DIALOGUE
NARRATOR
FICTION
POEM

METAPHOR
POETIC
RHYME
RHYTHM
NOVEL
CONCLUSION
STYLE
THEME
TRAGEDY
COMPARISON

64 - Wandern

```
O P Y C U G D S J V Y S P G F N
S R E H T A E W U T U G R U B X
G E I N R W A C L I F F E I O L
T T P E Q A S A H J P M P D O M
C A A G N I P M A C G N A E T O
L W H Z U T C A W K Z U R S S U
I Y B E S L A M I N A K A N D N
M P I M A V F T G X I N T I E T
A K J Y T V Y G I H W S I D U A
T U T X I T Y G M O V U O Z B I
E Z O C R K T E P H N M N B C N
W R Y S E A V I R P Q M Z G S D
S V D W D L I W T U D I S I B U
S T O N E S P A G E T T H J P U
H A Z A R D S P L G M A P J M L
G T W R Q V F Y W C W X N V N T
```

MOUNTAIN
CAMPING
GUIDES
HAZARDS
SUMMIT
MAP
CLIMATE
CLIFF
TIRED
NATURE

ORIENTATION
HEAVY
SUN
STONES
BOOTS
ANIMALS
PREPARATION
WATER
WEATHER
WILD

65 - Globale Erwärmung

```
S C I E N T I S T A X I P G G I
Q V I D X T L N T R D N N O A X
C F L A C A B W H C E D O O A S
K T U T R D P Z E T V U I G Z E
A H P A I J L Q U I E S T J W Y
I E N D S K S O M C L T A K C U
O K M R I Q E E M P O R L S W G
C R F S S P H J R T P Y S Q Q V
U T U E T A M I L C M B I S T H
S E R U T A R E P M E T G W N R
F U T U R E T N E M N R E V O G
V C W K A W N I W H T K L C B N
T O R E D U C E B E N E R G Y T
G I X L A N O I T A N R E T N I
A T T E N T I O N D H D L M T Z
E N V I R O N M E N T A L Q I V
```

ARCTIC
ATTENTION
DATA
ENERGY
DEVELOPMENT
GAS
LEGISLATION
INDUSTRY
INTERNATIONAL
NOW

CLIMATE
CRISIS
HABITATS
TO REDUCE
GOVERNMENT
TEMPERATURES
ENVIRONMENTAL
SCIENTIST
FUTURE

66 - Länder #2

```
V  L  S  O  K  Q  Z  N  N  U  G  T  C  A  S  S
R  X  E  Q  V  E  P  I  L  I  C  R  X  I  M  Y
U  G  A  N  D  A  N  Y  I  M  G  J  E  R  E  R
O  C  I  X  E  M  A  Y  D  I  L  E  Q  E  I  I
B  J  S  S  B  F  P  X  A  E  M  D  R  B  C  A
L  F  S  M  U  M  A  K  I  T  I  A  H  I  K  E
U  R  U  L  C  G  J  K  P  I  G  E  O  L  A  Q
P  A  R  R  G  Z  Q  S  O  A  L  A  P  E  N  H
A  N  A  D  U  S  M  Z  I  A  L  B  A  N  I  A
K  C  T  N  E  Q  M  F  H  J  A  M  A  I  C  A
I  E  V  A  J  E  O  F  T  X  B  J  M  M  B  X
S  I  S  L  J  W  G  J  E  D  Q  O  C  D  E  O
T  V  W  E  F  P  G  X  G  U  K  R  A  I  N  E
A  H  E  R  D  C  Y  S  N  Z  W  B  T  N  T  L
N  D  G  I  P  R  U  E  C  D  P  Y  T  A  J  E
D  K  T  E  E  D  H  B  P  V  Y  I  G  V  A  J
```

ALBANIA	LIBERIA
ETHIOPIA	MEXICO
FRANCE	NEPAL
GREECE	NIGERIA
HAITI	PAKISTAN
IRELAND	RUSSIA
JAMAICA	SUDAN
JAPAN	SYRIA
KENYA	UGANDA
LAOS	UKRAINE

67 - Fahrzeuge

```
A T O E I K H R B B N H U S L H
A I X A T C K P X O I J D M Y N
Y L R A C E C O L Y A W B U S P
R E T P O C I L E H R T P C A T
O O I N L B K M O N T V Q A J I
L Y E Q Z A S N X I O W B U S R
R O C K E T N A V A R A C B D E
O P N W N S K E L X Z H O I B S
T F A R I A C L P Q E Z N C B K
C G L R R M U O F X Y L V Y U C
A K U T A O R B O D U A C C X U
R T B E M T T A B T D X F L J P
T V M G B O W J U T E B D E A O
O B A N U R D F V K Y R R E F U
A T G P S P N R B R L L Y B U N
F J S K K G W G O A O K P U K C
```

CAR	MOTOR
BOAT	ROCKET
BUS	TIRES
BICYCLE	SCOOTER
FERRY	TAXI
RAFT	TRACTOR
AIRPLANE	SUBWAY
HELICOPTER	SUBMARINE
AMBULANCE	CARAVAN
TRUCK	TRAIN

68 - Musikinstrumente

```
G  U  I  T  A  R  D  M  N  B  Z  P  Z  O  T  T
H  O  L  L  E  C  U  K  C  S  O  E  U  L  R  R
H  A  B  H  K  L  Y  V  L  K  L  R  S  Z  U  O
N  M  R  O  C  Q  L  I  A  F  A  C  P  R  M  M
H  N  P  M  E  A  U  O  R  W  F  U  I  L  P  B
S  K  D  R  O  G  U  L  I  H  L  S  A  Y  E  O
O  A  Q  H  X  N  N  I  N  A  U  S  N  H  T  N
W  O  X  H  U  O  I  N  E  R  T  I  O  G  Y  E
D  Q  F  O  R  G  W  C  T  P  E  O  Q  A  X  K
R  H  T  J  P  G  P  B  A  T  J  N  Q  A  J  H
U  S  G  N  W  H  H  M  U  D  C  H  I  M  E  S
M  Y  M  A  W  W  O  M  A  N  D  O  L  I  N  S
Z  J  B  B  R  E  H  N  B  A  S  S  O  O  N  G
N  P  X  Y  D  H  L  B  E  L  O  H  J  O  U  E
T  A  M  B  O  U  R  I  N  E  C  Z  E  Z  G  A
C  M  J  X  Q  E  M  P  A  C  Q  R  G  N  O  V
```

BANJO	PIANO
CELLO	MANDOLIN
BASSOON	HARMONICA
FLUTE	OBOE
VIOLIN	TROMBONE
GUITAR	SAXOPHONE
CHIMES	PERCUSSION
GONG	TAMBOURINE
HARP	DRUM
CLARINET	TRUMPET

69 - Blumen

```
E Q L C W V K P J G L Y P P O P
H W Y C F G V M D P C P D S Y A
Y B L N C A O Z Y S I A D W J S
A N A L P R E W O L F N U S O S
E J V H E D R O S E I C N X I I
G T E G O E D A N D E L I O N O
P U N G N N L M N T F F Y I J N
E H D Y Y I G C A L I L Q L A F
W X E N L A T E P G H U Z W S L
P P R P W K B H I L N R Y H M O
C L O V E R O O L Q U O G D I W
F F N X C C U E U O E M L C N E
O R C H I D Q X T C L R E I E R
V D A G D D U Z W V W Y L R A J
L F S D G J E I S U C S I B I H
P R R Z X M T Q V X L R P A D A
```

PETAL
GARDENIA
DAISY
HIBISCUS
JASMINE
CLOVER
LAVENDER
LILAC
LILY
DANDELION

MAGNOLIA
POPPY
ORCHID
PASSIONFLOWER
PEONY
PLUMERIA
ROSE
SUNFLOWER
BOUQUET
TULIP

70 - Natur

```
B U O U F E S L A M I N A Q T T
J E S K U V E I V I Y O X A V C
M G E C X Z R A R C T I C S O C
O A O S Y L E U T B U S I L S X
U I W Q Y D N D A X A O G U E N
N L W W N R E Y T S E R O F Y F
T O Q W D E P N U M B E F E R K
A F Q D I T S A T R O P I C A L
I I G P H L H M Q E J O J A U I
N T R E S E D I M V K P W E T T
S O L V V H B C E I E Y P P C G
I V F V A S V F T R P S D K N H
W I I G L A C I E R P R L W A P
Q T S T U T V C V B N I O E S A
S M O S A O S N S H L B Z T N N
R R V I H L F B Q Z K S N A O O
```

ARCTIC
MOUNTAINS
BEES
DYNAMIC
EROSION
RIVER
PEACEFUL
GLACIER
SANCTUARY
SERENE

FOLIAGE
VITAL
FOG
BEAUTY
SHELTER
ANIMALS
TROPICAL
FOREST
WILD
DESERT

71 - Urlaub #2

```
I  P  P  L  S  Y  B  U  H  R  Z  T  Y  V  M  H
H  C  A  E  B  E  N  X  Q  E  G  P  Y  T  K  O
F  F  S  T  U  T  A  Z  C  S  I  O  M  F  B  L
U  N  S  O  T  F  R  D  Y  T  Q  V  D  O  I  I
B  S  P  H  J  Y  Z  E  K  A  Y  I  Q  R  S  D
D  P  O  D  J  H  N  V  S  U  L  S  T  E  G  A
Q  P  R  D  E  O  T  O  M  R  I  A  C  I  S  Y
V  D  T  N  R  S  U  I  E  A  V  H  A  G  T  R
T  N  E  T  U  N  T  R  C  N  N  F  M  N  R  K
M  A  P  A  S  I  K  I  N  T  W  W  P  E  A  H
I  L  T  X  I  A  G  I  N  E  V  W  I  R  I  E
U  S  T  I  E  T  O  K  F  A  Y  X  N  N  N  Z
U  I  W  V  L  N  H  D  J  D  T  I  G  Z  W  D
C  C  G  J  Z  U  P  E  U  N  G  I  E  R  O  F
N  A  P  K  N  O  Y  D  P  Q  Z  T  O  A  G  F
X  Z  X  D  R  M  A  I  R  P  O  R  T  N  B  U
```

FOREIGNER	PASSPORT
FOREIGN	JOURNEY
MOUNTAINS	RESTAURANT
CAMPING	BEACH
AIRPORT	TAXI
LEISURE	HOLIDAY
HOTEL	VISA
ISLAND	TENT
MAP	DESTINATION
SEA	TRAIN

72 - Barbecues

```
S S U M M E R E G N U H C N U L
H A J F P C E Y C C B E O M B K
O Q L Z D U P S X W K B O H A S
T K Z A F A P A L J Z T K K R H
V D N X D S E L M S G C I S U M
W Z E I G S P T X K J J N U D B
Z B K Y V C V J C D F A G A S Y
S Q C H Z E H N V L T K E A N D
I M I T J Z S E L B A T E G E V
D U H A B Z K U Y L I M A F R V
K W C W C G R M N C I P P R E B
D I N N E R O L G Z H R M U H K
C I T E R Y F A A R M P G I S F
W R V F T G N O M G K A Y T X Z
C H I L D R E N E S U M F A K L
G M W K L F K I S Y J U Z Q H Z
```

DINNER
FAMILY
FRUIT
FORKS
VEGETABLES
GRILL
HOT
CHICKEN
HUNGER
CHILDREN

COOKING
KNIVES
LUNCH
MUSIC
PEPPER
SALADS
SALT
SUMMER
SAUCE
GAMES

73 - Geographie

```
R P C K J F L M R Q Q O A A C H
S K A Q N U A H R O Q C Y T Q F
P E C O N T I N E N T E Y L X M
P D A R A J E I D C U A J A W I
L U T X I I R A U O F N U S D P
R T E Q D S I T T U O E T Q M M
E I R X I L V N I N S D V Y E I
B T R T R A E U T T P T T M H A
S A I U E N R O L R E I J A Y O
V L T N M D O M A Y T I C P S C
O N O U O G H E M I S P H E R E
H V R T W R J G E H W E S T T L
L H Y V W V T R E G I O N I Y W
M U R R W T O H N L Y J K X J L
P X Z J Y U G I A F U M D Y U K
W O R L D E H C Q A Y V W A V G
```

ATLAS
EQUATOR
MOUNTAIN
LATITUDE
RIVER
TERRITORY
HEMISPHERE
ALTITUDE
ISLAND
MAP

CONTINENT
COUNTRY
SEA
MERIDIAN
NORTH
OCEAN
REGION
CITY
WORLD
WEST

74 - Zahlen

```
X O W T S R Y N M Q P P Y S Z A
H D F H E E D E C I M A L I I K
V Z I G F N V N A E Z U Y X Q O
G A V I O I P E U M A R P Y J P
T E E E U N M E N Y Q Y C G Z M
N H C S R I N E E T R I H T H G
S S V P T S X L V N E F O U R E
Q J H U E Q I N E E T E N I N Q
B C I H E K W X S W Q Z N O E G
M Z Z G N E I L T T X K C M E L
B C J F T H R E E E V L E W T V
X E I G H T E E N B E Z P K F M
A Y C M N W T Q X O H N R V I M
Z E R O U A V M I Y D T U R F Z
H P O L H I W I T Z R H P Q V E
T A I L O C B W G N T Y Z Z V P
```

EIGHT	SIX
EIGHTEEN	SIXTEEN
DECIMAL	SEVEN
THREE	SEVENTEEN
THIRTEEN	FOUR
FIVE	FOURTEEN
FIFTEEN	TEN
NINE	TWENTY
NINETEEN	TWO
ZERO	TWELVE

75 - Tage und Monate

```
X O J U C K P I B H F W S D S V
O N C A K Y S O A E C E A E E I
L N H T N O M S Y G P D T C P C
H U D N O U O K T G G N U E T A
H L V U X B A W Q K K E R M E L
A Q E O V B E R A E Y S D B M E
F U K S A Q R R Y E L D A E B N
K R G J U N E E A W U A Y R E D
X H W U A K M B D T J Y A O R A
C M F O S W O M S S U N D A Y R
Q N H S C T N E E V T N I R L K
L Z M R C I D V U O G I R O Y C
M U H B G H A O T O S T F A U C
C P J H I H Y N F E B R U A R Y
Z J B K G R H C W E N C Z F N C
T H U R S D A Y B Y Y X U D Z E
```

AUGUST
DECEMBER
TUESDAY
THURSDAY
FEBRUARY
FRIDAY
YEAR
JANUARY
JULY
JUNE

CALENDAR
WEDNESDAY
MONTH
MONDAY
NOVEMBER
OCTOBER
SATURDAY
SEPTEMBER
SUNDAY
WEEK

76 - Emotionen

```
Z D Z G R V S C O N T E N T Q Q
T L O S Q F S Y Q M D L C A L M
T R D S N R E O M Z E U Z X E E
N E A E G Q N J O P X F K V M X
Z C N N D V D F D H A E X J B C
U A P D Q F A B E M L T Z K A I
C E N N E U S Z R Z E A H H R T
G P J I Z R I Q O N R R S Y R E
Z T D K G H N L B Y H G G H A D
O E B B M X F E I L E R F Q S Z
S U R P R I S E S T S E E W S G
W O X V R G X R L S Y G A Q E V
A F I Y U C T S O U S N R L D R
B C I S F L I M V E D A E J Y U
F J Y S W D P E E O S Z F F T M
S A T I S F I E D P Y X O F J S
```

FEAR
EXCITED
EMBARRASSED
GRATEFUL
RELAXED
JOY
KINDNESS
PEACE
CONTENT
BOREDOM

LOVE
RELIEF
TRANQUILITY
CALM
SYMPATHY
SADNESS
SURPRISE
ANGER
TENDERNESS
SATISFIED

77 - Zu Füllen

```
Y B F C G N V R T V U W I N X S
J A U A Z R B C U H E T A R C U
O S R R A J B X G S S S G G R I
M I E T E K C O P M A T S K X T
T N D O T U B B B N V K Y E C C
Y L L N S R N W E L T T O B L A
K Q O S E V C P N X E C R O D S
Y C F I J B J V V I K G U B R E
B A R R E L Z I E T C U T A A X
P Q H N N A V P L E U Q M S W I
E Q L D W S C E O K B B E K E O
I S C K M Q Z E P C Y V E E R N
V B M F F H M R E A V M S T L J
Z U W W Z D J F S P K K P X R Q
O H M N W F T F F Z O N D Z T X
Z Q S Y H A E R H F V Y H I R B
```

BASIN	FOLDER
BOX	PACKET
BUCKET	TUBE
BARREL	VESSEL
BOTTLE	DRAWER
CARTON	TRAY
CRATE	POCKET
SUITCASE	ENVELOPE
BASKET	VASE
JAR	TUB

78 - Das Unternehmen

```
T N E M Y O L P M E S O R Q R R
C T H Y S N A J J N Z K L U E Z
U N I T S S E R G O R P S A V X
D R T I E K J T J I R F J L E E
O Q N L N J S D T S V B I I N P
R D E I I A G I K I D O N T U R
P S M B S Z V W R C B S D Y E O
N E T I U O G O A E O C U O V F
H C S S B P H F V D H G S O I E
P R E S E N T A T I O N T A T S
B U V O W T G R O S H S R Q A S
Q O N P Z A S L B M L R Y O V I
V S I M P Y G Q O Q W K I Q O O
G E W S H P O E J B Q G G E N N
O R I T I C R B S J A J B C N A
C R E A T I V E D M A L B Q I L
```

EMPLOYMENT
UNITS
REVENUE
DECISION
PROGRESS
BUSINESS
GLOBAL
INDUSTRY
INNOVATIVE
INVESTMENT

CREATIVE
WAGES
POSSIBILITY
PRESENTATION
PRODUCT
PROFESSIONAL
QUALITY
RESOURCES
RISKS

79 - Kräuterkunde

```
Q U A L I T Y P N Y F I O V A I
M U P Y F L A V O R R S T I D N
S A F F R O N O G A R R A T M G
F M W B A F C K F M B Q C G B R
N L T H Y M E F H E L V Q A E E
P M O A L K S G L S C Q X R N D
G A Q W K D S S P O J N C L E I
P R R N E E R G A R D E N I F E
A O E S Q R C L N Z U H R C I N
E J D W L I S A B E L K S U C T
S R N S D E R N Z R B V N T I N
P A E Z W I Y R A N I L U C A H
S M V O R Q L E N N E F O R L A
U X A X Y H N L D U E S A Y L D
L F L D Q V A R O M A T I C X W
O N B U C C X Z C G O V C N X Q
```

AROMATIC	CULINARY
BASIL	LAVENDER
FLOWER	MARJORAM
DILL	PARSLEY
TARRAGON	QUALITY
FENNEL	ROSEMARY
GARDEN	SAFFRON
FLAVOR	THYME
GREEN	BENEFICIAL
GARLIC	INGREDIENT

80 - Aktivitäten und Freizeit

```
S  Z  G  N  I  V  I  D  C  P  A  W  D  P  Z  V
M  W  N  I  C  Y  X  D  Z  K  R  U  A  G  F  O
S  P  I  V  I  S  D  H  N  G  T  Y  P  D  C  L
O  S  N  M  Z  M  K  Y  F  S  K  W  H  E  A  L
L  A  E  R  M  C  G  L  M  S  T  A  Y  S  M  E
L  N  D  A  C  I  G  E  L  B  O  Q  B  K  P  Y
A  O  R  M  X  S  N  C  R  F  S  C  T  A  I  B
B  K  A  S  C  T  I  G  A  Y  H  U  C  D  N  A
T  B  G  B  Y  S  H  N  C  O  O  Z  O  E  G  L
E  T  E  N  N  I  S  I  I  M  P  C  W  H  R  L
K  Z  L  T  R  X  I  K  N  L  P  C  Y  D  N  Y
S  U  J  F  A  X  F  I  G  N  I  T  N  I  A  P
A  Q  F  I  Z  F  E  H  B  X  N  W  B  F  P  E
B  A  S  E  B  A  L  L  N  J  G  J  T  K  N  U
Z  T  R  A  V  E  L  O  B  O  X  I  N  G  D  S
S  U  R  F  I  N  G  V  G  N  I  X  A  L  E  R
```

FISHING
BASEBALL
BASKETBALL
BOXING
CAMPING
SHOPPING
RELAXING
SOCCER
GARDENING
PAINTING

GOLF
ART
TRAVEL
RACING
SWIMMING
SURFING
DIVING
TENNIS
VOLLEYBALL
HIKING

81 - Formen

```
R  R  R  R  N  E  J  A  O  I  Q  G  L  S  I  Y
Q  E  O  Z  M  K  Q  I  S  V  X  A  R  T  T  E
W  N  C  U  A  K  F  J  I  Z  A  L  E  R  Z  H
E  R  V  T  N  P  N  O  D  G  P  L  D  I  Y  W
K  O  M  U  A  D  D  S  E  G  D  E  N  A  P  D
U  C  S  N  K  N  J  K  N  U  I  Q  I  N  R  U
H  E  A  P  A  X  G  C  O  C  M  J  L  G  I  O
E  L  L  I  P  S  E  L  C  K  A  G  Y  L  S  O
F  S  O  Y  Y  Q  A  C  E  F  R  D  C  E  M  M
V  I  B  B  L  X  R  Y  G  G  Y  L  U  G  Z  B
C  I  R  C  L  E  C  Q  U  Y  P  G  R  N  E  I
P  Y  E  Y  S  Q  U  A  R  E  Y  O  V  G  R  A
A  J  P  E  C  U  B  E  B  E  I  I  E  R  U  Y
D  A  Y  U  V  Y  H  W  X  J  U  Y  A  Z  Y  I
X  E  H  B  P  O  L  Y  G  O  N  L  I  N  E  C
H  A  W  Y  Y  N  X  T  L  Q  J  D  F  M  R  U
```

ARC	OVAL
TRIANGLE	POLYGON
CORNER	PRISM
ELLIPSE	PYRAMID
HYPERBOLA	SQUARE
EDGES	RECTANGLE
CONE	ROUND
CIRCLE	SIDE
CURVE	CUBE
LINE	CYLINDER

82 - Musik

```
Y L R C B A R E P O R X P C H N
X Y Z B A H L T B P Q Z O L A M
N R A H L Z B B B F Q C D A R H
M I X S L F O S U R O H C S M M
Q C A G A U J U C M I D N S O U
Q A R R D E S I V O R P M I N S
F L J T H R G B F G E S F C Y I
G Z R T D A H L U F G I L A D C
P O E T I C R Y P G N N M L O A
T E M P O A F M T Q I G K T L L
R H Y T H M I C O H S P P H E X
S D S P H N D N E N M K G I M K
M I C R O P H O N E I L E Y N T
N Y Y S W L G R N A I C I S U M
A I N S T R U M E N T R Q I X O
F B I S H V W W O S T C J K M L
```

ALBUM	MICROPHONE
BALLAD	MUSICAL
CHORUS	MUSICIAN
HARMONY	OPERA
HARMONIC	POETIC
IMPROVISE	RHYTHMIC
INSTRUMENT	RHYTHM
CLASSICAL	SINGER
LYRICAL	SING
MELODY	TEMPO

83 - Antiquitäten

```
V W R V V O I G O Q U X J F E I
V K P N Q A X A K L Q Y L Q H N
C X B E J E L L P H D I Q V K V
Q E X V M L A U S U N U P U Y E
U L N I K I G T E S M U H G R S
A Y S T E O I G C W R H Y V L T
L T C A U T S A I S U H T N E M
I S U R H R L L T G D L Q F W E
T N L O B T Y L N N Z U U V E N
Y I P C C Q S E E I Z I A V J T
A O T E Q E P R H T I V L Y A C
R C U D Y Z O Y T N A G E L E R
T S R V H C J Y U I N Y L J L H
A R E S O U S P A A R R G D B B
F U R N I T U R E P Z J N F Q Q
C O N D I T I O N P R I C E J D
```

OLD
AUTHENTIC
DECORATIVE
ELEGANT
ENTHUSIAST
GALLERY
PAINTINGS
INVESTMENT
CENTURY
ART

FURNITURE
COINS
PRICE
QUALITY
JEWELRY
SCULPTURE
STYLE
UNUSUAL
VALUE
CONDITION

84 - Adjektive #2

```
X C C I M S L I P K K G C W Q N
Q W I T S I V H U E Z I B M N A
I F D N G E K B Y L X D E F V T
E L B I S N O P S E R I G L F U
A I A A L R B Y O Y T L A S A R
U N C M Y S U D N H K E W B M A
T T R P R O D U C T I V E D O L
H E E R G O T O I L I I N M U E
E R A B N B N R T A D T W F S D
N E T L U U A P A E N P D H Z I
T S I F H G G D M H A I O S U B
I T V K U O E C A S K R A T T L
C I E X B D L M R E A C A R H E
S N W I L D E L D R E S W O M E
L G F A I W K L G F K E H N B Y
S T C C R L H B L T M D D G C N
```

AUTHENTIC   CREATIVE
FAMOUS   NATURAL
DESCRIPTIVE   NEW
DRAMATIC   NORMAL
ELEGANT   PRODUCTIVE
EDIBLE   SALTY
FRESH   STRONG
HEALTHY   PROUD
HUNGRY   RESPONSIBLE
INTERESTING   WILD

85 - Kleidung

```
E  N  S  Z  T  D  Q  Z  V  M  Q  E  S  P  F  X
I  J  Y  X  E  Z  S  F  J  L  V  A  Y  Y  A  I
H  V  B  X  T  F  X  X  S  S  E  C  Y  E  S  I
K  W  L  J  A  C  K  E  T  I  Q  A  N  I  H  C
M  S  O  J  I  F  V  S  N  R  M  M  D  Y  I  N
N  U  U  P  A  J  A  M  A  S  I  B  G  J  O  Q
S  J  S  N  A  E  J  D  P  D  G  K  S  N  H
S  H  E  C  A  L  K  C  E  N  L  M  S  S  O  A
E  W  I  Y  E  L  T  O  O  U  O  J  J  H  R  T
R  C  J  R  E  T  A  E  W  S  V  B  K  O  P  X
D  R  J  L  T  A  O  C  L  W  E  C  V  E  A  N
M  A  X  E  L  F  X  D  D  E  S  S  C  A  R  F
Q  O  N  W  E  X  X  I  J  K  C  L  V  T  B  Y
H  D  N  E  B  C  N  P  F  J  W  A  Z  O  K  J
Z  V  M  J  T  T  U  Y  Y  Q  U  N  R  D  K  J
Y  B  F  S  G  R  C  D  Q  X  S  C  Q  B  Z  V
```

BRACELET	DRESS
BLOUSE	COAT
BELT	FASHION
NECKLACE	SWEATER
GLOVES	SKIRT
SHIRT	SCARF
PANTS	PAJAMAS
HAT	JEWELRY
JACKET	SHOE
JEANS	APRON

86 - Farben

```
B L A C K N I P C M G F Q I V Y
G X Q Y U I W D R F Q R X Q I Q
J Y P U R P L E I D A K B K O A
P E G N A R O R M O E D X K L K
Y L J A N I G F S H P R Y T E J
E L J Y B F S S O M W V I X T O
X O A C N B H L N G I W K U K F
H W Y Z Q E O R T M M E I L E U
N L F K U Z X D C K T P A X J C
S E P I A R N S X I Y X C X L H
T K I Y T F E K M J R L R O T S
A F B U N G E T Q W O B L R C I
A M L O E E R A I I N D I G O A
L P U P G O G E N H B E I G E R
E L E I A G H S Y N W O R B P Y
C S Z Y M D C U K G V R K J I B
```

AZURE	MAGENTA
BEIGE	ORANGE
BLUE	CRIMSON
BROWN	PINK
FUCHSIA	RED
YELLOW	BLACK
GREY	SEPIA
GREEN	VIOLET
INDIGO	WHITE
PURPLE	CYAN

87 - Haus

```
B X N I K Z Y F G R T G Z U R Y
Z P L L T W V B U A A I K A F W
B D C C Q T T R B R R O O D O J
C H I M N E Y O E O N D L A M P
B Y U K H G R O D R E I E F X R
G S K X A A A M R R H I T N V O
A R S X R R R G O I C B L U R O
B E P R S A B K O M T E S E R M
N W H S Z G I Y M Q I X Q E Z E
R O O F F N L Y D O K M I U Z Z
I H Z D E I L C H J P R C B T G
T S N C N L I Z F F C S O V P A
X V D Z C I T T A M Y C T N W T
V C J T E E W T T D K M X P J Y
Q D Y R E C A L P E R I F D P R
C W A L L V I C C J O D F E B U
```

BROOM   KITCHEN
LIBRARY   LAMP
ROOF   FURNITURE
ATTIC   BEDROOM
CEILING   CHIMNEY
SHOWER   MIRROR
WINDOW   DOOR
GARAGE   WALL
GARDEN   FENCE
FIREPLACE   ROOM

88 - Bauernhof #1

```
W F A J A H M F L A C X V E Q J
O A V A Y D Y E K N O D Z S X C
R I T X D B A R F T B L U M D H
C Y A E E B H T E Y D E G X Q I
Z E C I R T W I N K M I C O W C
F N V D X V L L C E Z F C I D K
B O T D E I Z I E C R W X V U E
I H I L Q R E Z N A A L O A R N
I X W D A U S E S R O H O K Z M
K L H P L N J R V C A U Q Q G Y
P M T X Z I D G O A T U A S M U
P I G P E M C X Y S Q M H X T K
O E T R O I B S E Y A I J X N V
H K R B U V Z R J Y K M A Q D R
S Z Y Q W F W E K G M P X E M Q
U B U L N A G R I C U L T U R E
```

BEE	CROW
FERTILIZER	COW
DONKEY	LAND
FIELD	AGRICULTURE
HAY	HORSE
HONEY	RICE
CHICKEN	PIG
DOG	WATER
CALF	FENCE
CAT	GOAT

89 - Regierung

```
X A M O V N A G X Q L O B M Y S
S C I T I L O P T C I R T S I D
T T E R E C G E G M B E E A B K
H P A P C L N Q S X E D V H V N
G E E T N L A I Y N R A I S X G
I A Q N E E B W N Q T E L S C O
R C U A D C I V I L Y L Z S Y U
A E A T N K E C K W Q X V W O S
H F L I E T Y C A R C O M E D P
C U I O P N A T I O N H R G W E
D L T N E E H T H T J R J W V E
G S Y A D M B D B M S K T Q N C
J Z A L N U M S V W P U Z K C H
R S H K I N Y B J D U Z J Y K V
L M K A D O D I S C U S S I O N
G L Q W M M X Q P B A E O Y A N
```

DISTRICT
DEMOCRACY
MONUMENT
DISCUSSION
LIBERTY
PEACEFUL
LEADER
JUSTICE
LAW
EQUALITY

NATION
NATIONAL
POLITICS
RIGHTS
SPEECH
STATE
SYMBOL
INDEPENDENCE
CIVIL

90 - Berufe #1

```
C A C C O U N T A N T W F A P P
A G E O L O G I S T X G P M L J
R E M O N O R T S A L M N B U M
T C Q N P M U S I C I A N A M P
O M S R S L B G R S N N U S B I
G E I N Y E N R O T T A F S E A
R C U L C C O A C H O M T A R N
A H R B H J J S C T C N S D W I
P A N L O R O T U V F K S O S S
H N B K L C U L E Q B J Y R W T
E I T C O O F G S D O C T O R H
R C R S G J E W E L E R U C M N
A P A Y I R T K H U N T E R A U
P K I A S T H J X D A N C E R R
F N Q S T L R E K N A B S S K S
V E T E R I N A R I A N P O Z E
```

DOCTOR
ASTRONOMER
BANKER
AMBASSADOR
ACCOUNTANT
GEOLOGIST
HUNTER
JEWELER
CARTOGRAPHER
PLUMBER

NURSE
ARTIST
MECHANIC
MUSICIAN
PIANIST
PSYCHOLOGIST
ATTORNEY
DANCER
VETERINARIAN
COACH

91 - Adjektive #1

```
S  H  I  A  I  L  R  U  R  M  X  E  Q  Q  M  S
I  E  D  C  M  P  Q  D  V  A  L  U  A  B  L  E
A  A  E  T  P  E  J  M  X  T  O  P  E  Q  A  H
C  V  N  I  O  B  H  T  F  H  G  X  P  E  Z  E
H  Y  T  V  R  E  B  A  W  O  L  S  S  C  O  H
U  G  I  E  T  J  E  V  S  N  I  H  T  I  O  C
G  R  C  K  A  P  A  V  P  E  E  D  D  T  U  I
E  Z  A  I  N  Y  U  H  I  S  I  X  F  A  N  U
T  F  L  R  T  C  T  G  V  T  T  E  C  M  R  P
U  R  C  I  T  S  I  T  R  A  C  J  Z  O  E  K
L  H  M  C  I  T  F  R  R  B  E  A  F  R  D  P
O  A  A  E  K  V  U  Z  S  P  F  Y  R  A  O  M
S  B  W  P  N  C  L  N  K  V  R  S  Y  T  M  A
B  I  W  M  P  I  N  N  O  C  E  N  T  A  T  Y
A  D  C  Z  F  Y  W  T  D  E  P  U  R  H  D  A
V  G  M  K  Y  U  A  Q  R  N  T  H  U  P  U  D
```

ABSOLUTE	SLOW
ACTIVE	MODERN
AROMATIC	PERFECT
ATTRACTIVE	HUGE
DARK	BEAUTIFUL
THIN	HEAVY
HONEST	DEEP
HAPPY	INNOCENT
IDENTICAL	VALUABLE
ARTISTIC	IMPORTANT

92 - Geometrie

```
C M A S S C E L G N A I R T P R
A L O G I C U Q E S D Y T H R Q
L E M N A O E R U H R U X G O Z
C R V O W P L V V A E O J I P I
U W X I C O C I Z E T O F E O S
L E X S S U R F A C E I S H R E
A S S N S I I M Z E M X O T T G
T V Y E Q P C D H R A V A N I M
I P F M L A T N O Z I R O H O E
O O Q I M H O W Y O D B I V N N
N R Y D S E P A R A L L E L A T
N U M B E R T E I X C D Q R N Q
X B U C S A C R Q Y E G Q G G J
Q D G B Y U H N Y R O E H T L F
W W C S M Q X Y C U E O G W E M
V J W X B S C V O I B Q T B G A
```

PROPORTION
CALCULATION
DIMENSION
TRIANGLE
DIAMETER
EQUATION
HORIZONTAL
HEIGHT
CIRCLE
CURVE

LOGIC
MASS
NUMBER
SURFACE
PARALLEL
SQUARE
SEGMENT
SYMMETRY
THEORY
ANGLE

93 - Jazz

```
S W X M E Z G G O K V Y Z N B G
T O E W Q K K Z T N M L B E J R
S L N A L B U M A O L D T W D F
J O K G G U C S U I S J Y R N V
D S O E F N C X N T E R N E G V
D B H X T S I T R A T N E L A T
A P P L A U S E O S I J G J I Q
Z Y I O R O U L R I R C E V J H
A G H E Q M M Y C V O H I Z T Y
P Q C R C A M T H O V C Y S F T
D N Z K Y F J S E R A O W T U E
C O M P O S E R S P F N Z A H M
E U Q I N H C E T M A C Q L M M
P K R Z N E Q M R I S E U C G W
E Z H V U Y H Y A X F R M L A P
F O Q Z K R E S U A S T O V K E
```

ALBUM	SONG
OLD	MUSIC
APPLAUSE	MUSICIANS
FAMOUS	NEW
FAVORITES	ORCHESTRA
GENRE	RHYTHM
IMPROVISATION	SOLO
COMPOSER	STYLE
CONCERT	TALENT
ARTIST	TECHNIQUE

94 - Mathematik

```
Y E F Q A S Q U A R E U R G P Q
B Z E C Y R T E M M Y S A E A Q
S C L F N O I T A U Q E D O R T
N O G Y L O P T V S Q G I M A R
N O N R O Q A S H H B L U E L I
F R A C T I O N D M V E S T L A
S W T X N U A V C I E O F R E N
B U C X B Q A H P S A T L Y L G
T N E N O P X E B T E M I U Z L
F U R F V T V K H Z V N E C M E
P A R A L L E L O G R A M T S E
U W R D Y Y C A N L A M I C E D
P E R P E N D I C U L A R B L R
T P M Q I W I D G A A A L R G V
F R D A U J I O R L E Z O I N U
C I R C U M F E R E N C E Q A S
```

ARITHMETIC
FRACTION
DECIMAL
TRIANGLE
DIAMETER
EXPONENT
GEOMETRY
EQUATION
PARALLEL
PARALLELOGRAM

POLYGON
SQUARE
RADIUS
RECTANGLE
PERPENDICULAR
SUM
SYMMETRY
CIRCUMFERENCE
VOLUME
ANGLES

95 - Messungen

```
Q J W V M Z W L N H T G N E L M
Q E N V H Z R R I H M R W T E I
K I L O G R A M T T B A I Y S N
E D D V S D I S O P E M D B P U
P M E L A A P K N E E R T B E T
C M E C V C V Y B D R C H J K E
W A R T I S Y P N T G Z C X D C
I S C M E M U L O V E C N U O E
E S L D C R A U G E D N I E L N
H E W W U Y U L W Y V Q H O A T
I A Q D R R V Z H D D W E I T I
V Z Q H V G L F M G N F H H X M
D C C D A H P L K J D U C I I E
W E I G H T J L M X F F J A Y T
N U C S B M L Z H E I G H T B E
K I L O M E T E R I J K P K B R
```

WIDTH
BYTE
DECIMAL
WEIGHT
DEGREE
GRAM
HEIGHT
KILOGRAM
KILOMETER
LENGTH

LITER
MASS
METER
MINUTE
DEPTH
TON
OUNCE
VOLUME
CENTIMETER
INCH

96 - Boxen

```
I N A X X T A L G Y B A B K B R
W C J Q Z L O S E I R U J N I E
P C F Y F L A N G Y E N R R J C
X K O P I I S N W G F Q A G Y O
J S N V S K G C L F E S X C C V
R G U G Q S A H T E R E M J E E
I E V R Y E M E T V E C C A W R
S T R E N G T H X E E E I R O Y
T E A N I H C F I H R Y D O B W
N F V R I S U Q L R A F P P L L
I M Q O K I C K D Y L U L E E S
O Y N C L L E B C G Q V S S D W
P A J R N G P N B U Y T U T T O
Q U I C K F O C U S O U Z S E J
U D A U X O P P O N E N T I U D
P D Z X S J L U G M J Q L F J C
```

CORNER	KICK
ELBOW	CHIN
EXHAUSTED	BODY
FIST	POINTS
SKILL	RECOVERY
FOCUS	REFEREE
OPPONENT	QUICK
BELL	ROPES
GLOVES	STRENGTH
FIGHTER	INJURIES

97 - Psychologie

```
Z X A C O G N I T I O N I B G A
M E O W H S N O I T P E C R E P
P R O B L E M T H E R A P Y B P
P B P V H S E N S A T I O N Y O
C E K E O V S E C N E U L F N I
Y H R B E T N E M S S E S S A N
L A I S U O I C S N O C B U S T
A I N L O E O M M E D G K O T M
C R R O D N M R Z U R J C I H E
I O R A U H A S D A E I L C G N
N I N L N P O L F T A D C S U T
I V R F U B B O I T M E R N O J
L A J S L I C D D T S A F O H G
C H X Y T I L A E R Y S E C T I
T E N C O Y C L B I V G G N N V
F B R Z T B B T A S K Z O U M V
```

ASSESSMENT
UNCONSCIOUS
EGO
INFLUENCES
THOUGHTS
IDEAS
CHILDHOOD
CLINICAL
COGNITION
CONFLICT

PERSONALITY
PROBLEM
SENSATION
APPOINTMENT
THERAPY
DREAMS
SUBCONSCIOUS
BEHAVIOR
PERCEPTION
REALITY

98 - Bauernhof #2

```
B A R N M I L K C S K Q F Z V O
L Q F W M B K A O O A H J K L R
K T N T L W J V R X Y C I C Y B
B P C F L N X X N J G K B Y V U
L E W S A Y D T V I T D D A M S
P E E W M B O R C H A R D U D T
T H P H A M K Z Z U E E Q C C T
K S I U L X J F O H H A P E K
P U R S J V X W A G W P C B D N
W V K T B R E M R E F E W G Z A
F O S G L P A Y M C J H U G U E
R L B A R L E Y E E G S Y V D C
U H Y M V K E L R T R A C T O R
I W O D A E M W I N D M I L L Q
T X J W E L B A T E G E V B R Q
I R R I G A T I O N C U S L O M
```

FARMER
IRRIGATION
BEEHIVE
DUCK
FRUIT
VEGETABLE
BARLEY
LLAMA
LAMB
CORN

MILK
ORCHARD
RIPE
SHEEP
SHEPHERD
BARN
TRACTOR
WHEAT
MEADOW
WINDMILL

99 - Berufe #2

```
B O B G W P Y I R O A B O N W F
H V H K R E H P A R G O T O H P
I U M I V N M I J N N U P E T I
A C K N U A L X L Y W G I G E N
P H Y S I C I A N O H B L R A V
B I O L O G I S T I S L O U C E
I R E E N I G N E L G O T S H N
D E T E C T I V E L A L P U E T
C H U D J S N V C U R I U H R O
A C A B C I Z K D S D N Q Q E R
Z R N F S T R F H T E G D A T R
V A O K B N L X D R N U A K N W
N E R D T E S G A A E I R H I Y
L S T T M D R J W T R S G J A M
E E S W S N E M D O C T E G P Q
S R A L O U N A I R A R B I L R
```

PHYSICIAN
ASTRONAUT
LIBRARIAN
BIOLOGIST
SURGEON
DETECTIVE
INVENTOR
RESEARCHER
PHOTOGRAPHER

GARDENER
ILLUSTRATOR
ENGINEER
TEACHER
LINGUIST
PAINTER
PHILOSOPHER
PILOT
DENTIST

100 - Chemie

```
I R U K V T E N I L A K L A U N
B O E P Z G X L H Y D R O G E N
S W N A L O W F E N P N F T O W
H P O W C X G H F C N P P R W B
W E B J I T L A S I T G A S E E
Y R R Y C C I R G N A R B P I S
Z U A Q H H Q O J A E A O M G D
N T C S W L X I N G H E M N H M
O A C I D O R B H R E L D C T C
X R J J F R C M A O S C R E L M
Y E J M D I U Q I L M U P J U G
G P E Z P N Q A Y J Y N U L E S
E M Y Z N E C A T A L Y S T Y G
N E M O L E C U L E K A J Q A D
L T M K L I G Z C A A N B Z G M
T P R J T C B B Z A F Q R M X M
```

ALKALINE   CARBON
CHLORINE   MOLECULE
ELECTRON   NUCLEAR
ENZYME   ORGANIC
LIQUID   REACTION
GAS   SALT
WEIGHT   OXYGEN
HEAT   ACID
ION   TEMPERATURE
CATALYST   HYDROGEN

1 - Gesundheit und Wellness #2

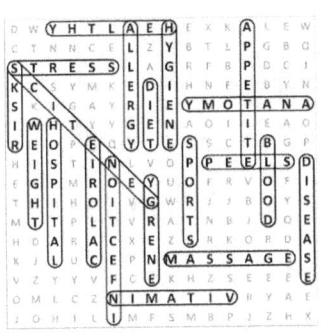

2 - Ozean

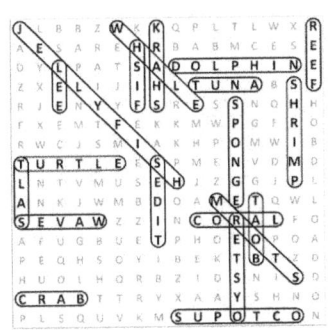

3 - Krankheit

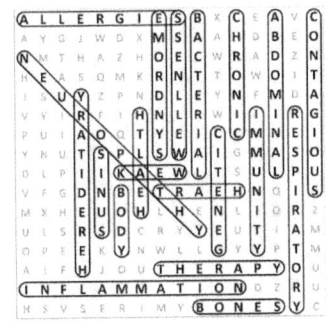

4 - Meditation

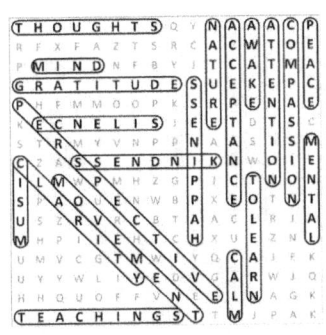

5 - Archäologie

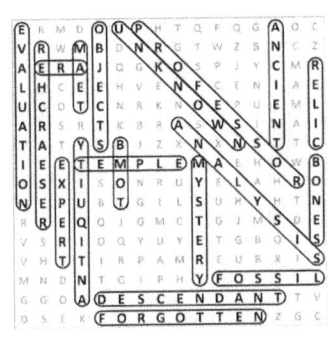

6 - Gesundheit und Wellness #1

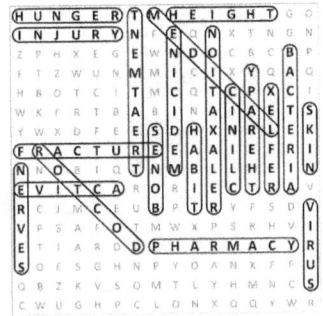

7 - Obst

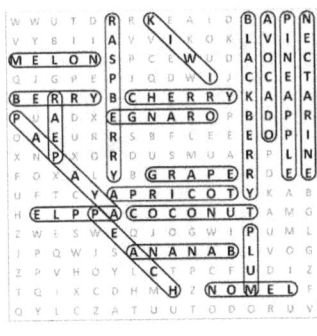

8 - Universum

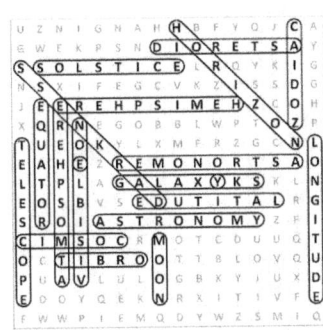

9 - Camping

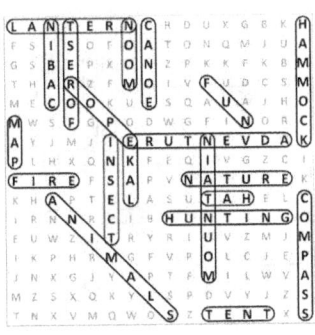

10 - Zeit

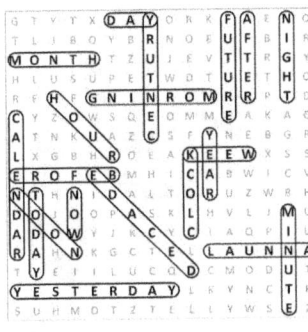

11 - Säugetiere

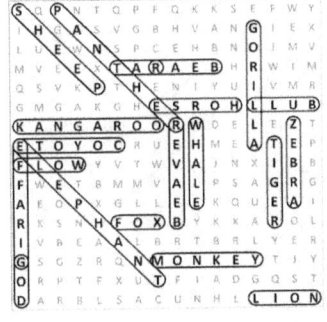

12 - Algebra

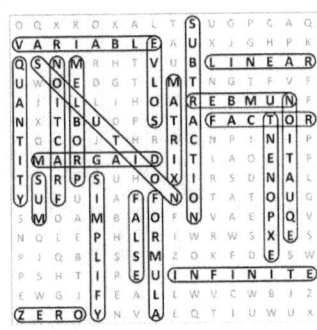

13 - Philanthropie

14 - Diplomatie

15 - Astronomie

16 - Ballett

17 - Geologie

18 - Wissenschaft

19 - Sport

20 - Mythologie

21 - Restaurant #2

22 - Ökologie

23 - Schokolade

24 - Boote

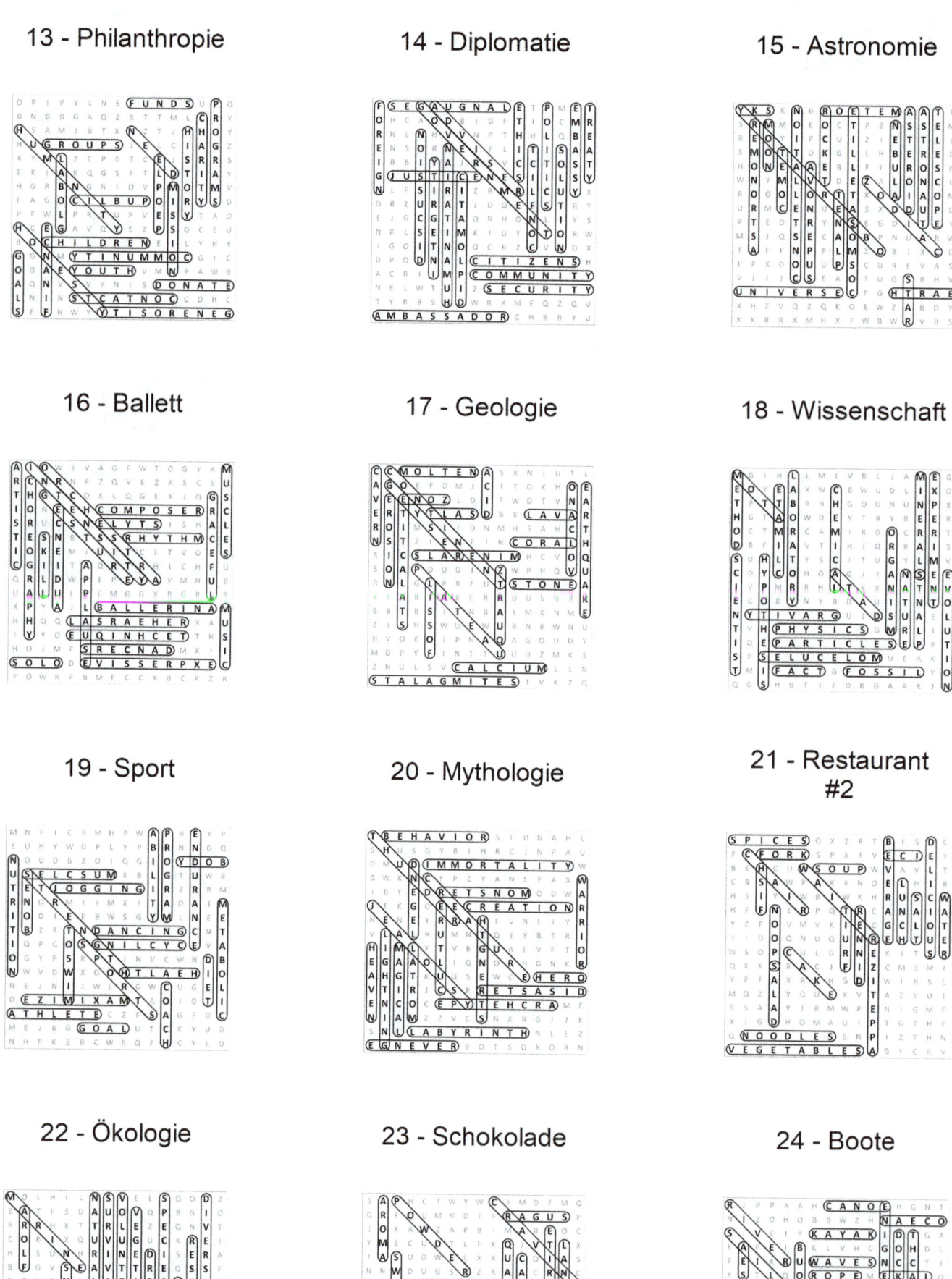

25 - Stadt

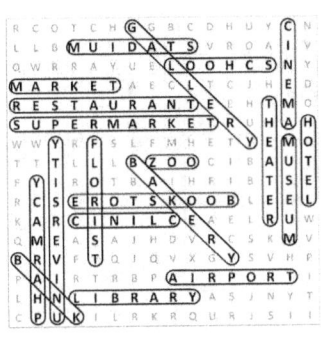

26 - Aktivitäten

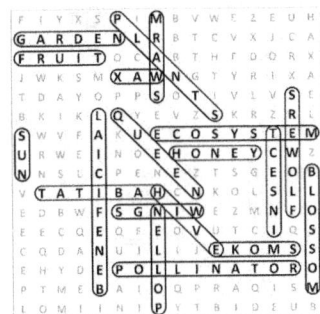

27 - Bienen

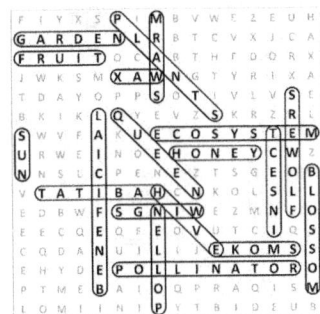

28 - Wissenschaftliche

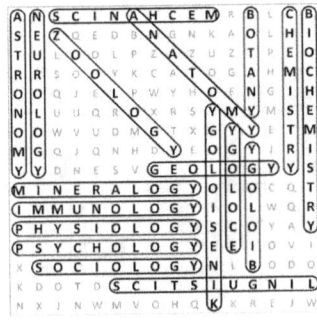

29 - Vögel

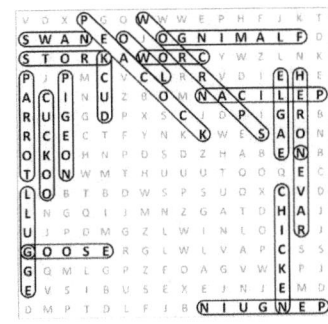

30 - Biologie

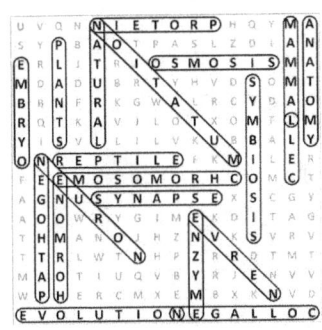

31 - Garten

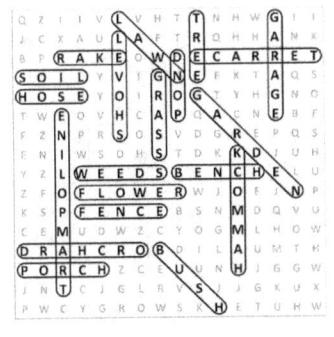

32 - Antarktis

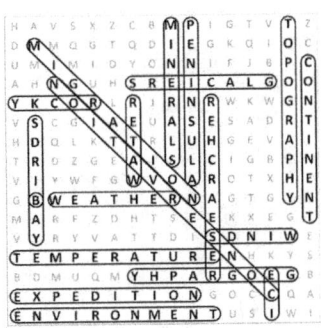

33 - Fahren

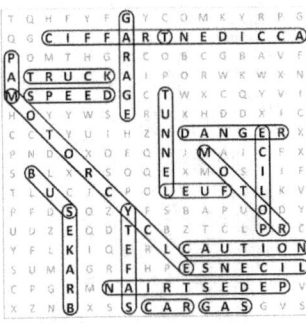

34 - Physik

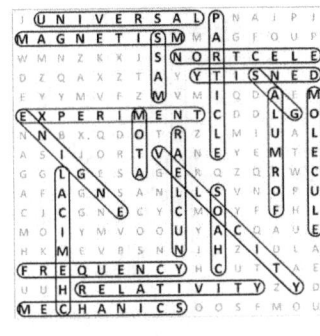

35 - Bücher

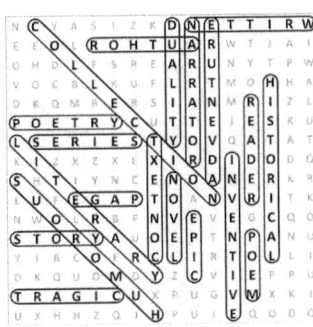

36 - Menschlicher Körper

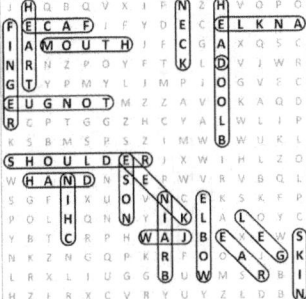

37 - Agronomie

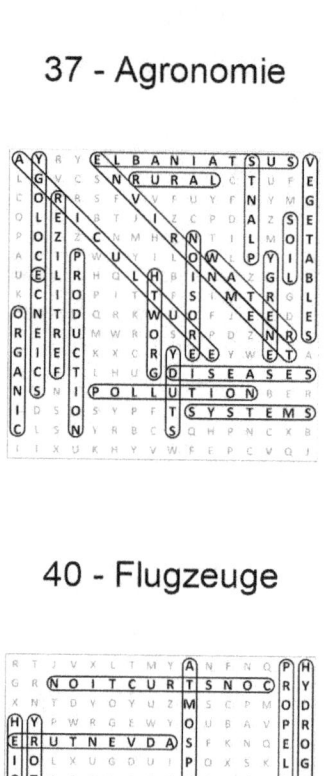

38 - Landschaften

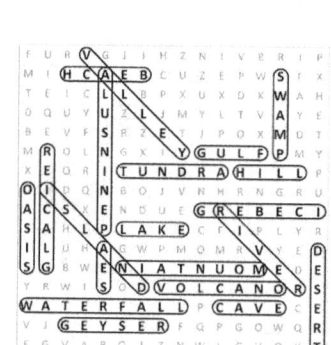

39 - Abenteuer

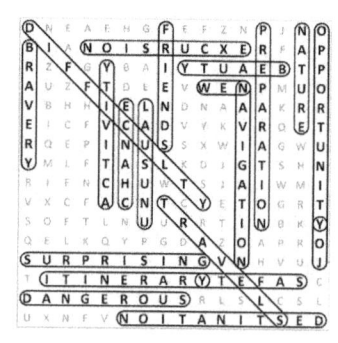

40 - Flugzeuge

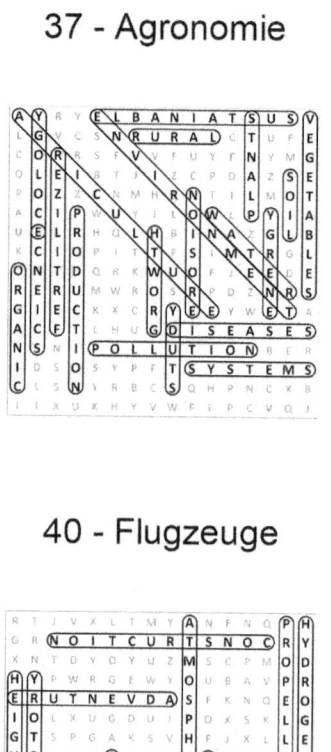

41 - Haartypen

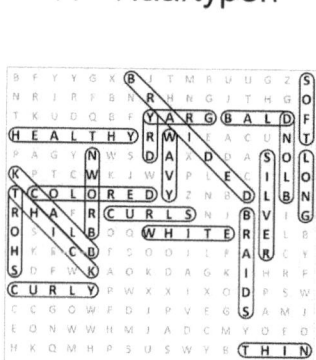

42 - Essen #1

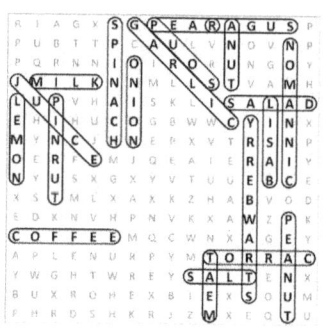

43 - Ethik

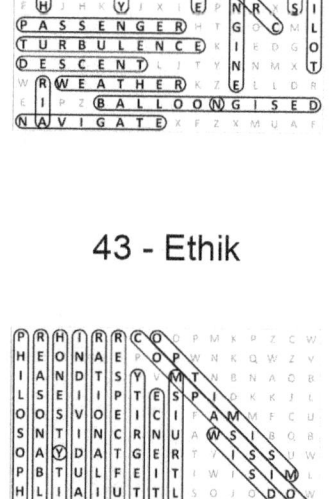

44 - Gebäude

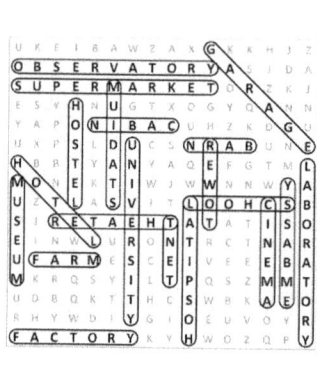

45 - Mode

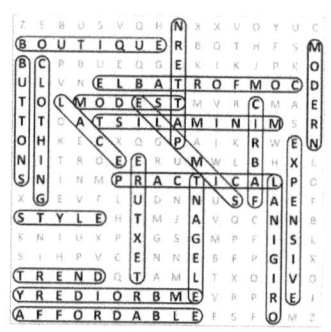

46 - Angeln

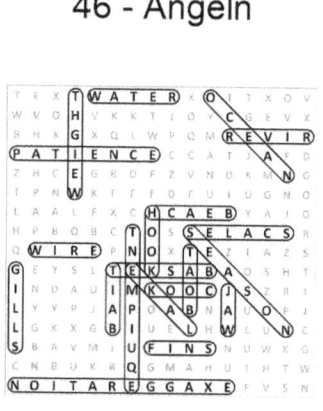

47 - Essen #2

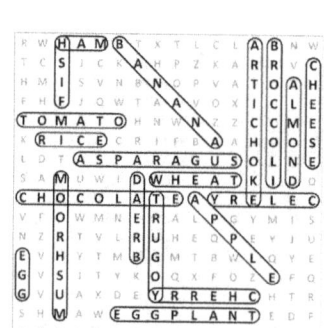

48 - Energie

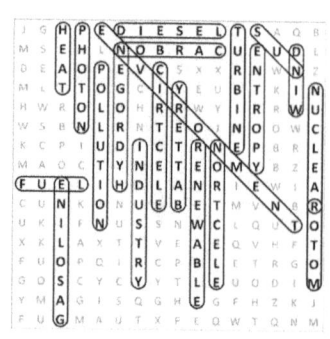

49 - Familie

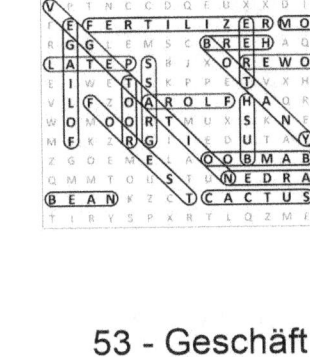

50 - Pflanzen

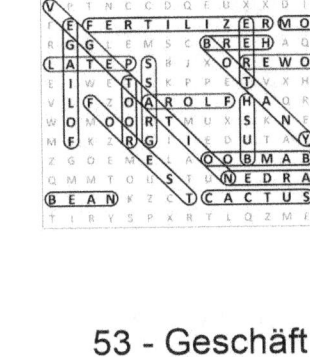

51 - Gewürze

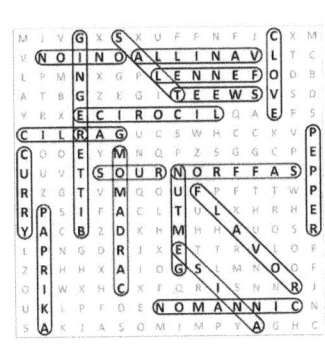

52 - Kreativität

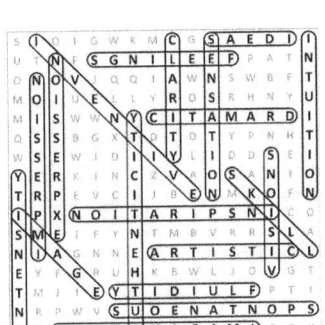

53 - Geschäft

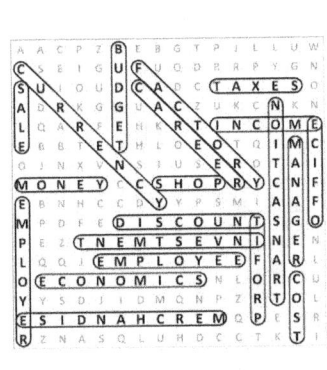

54 - Ingenieurwesen

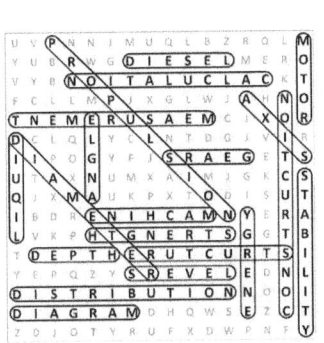

55 - Kaffee

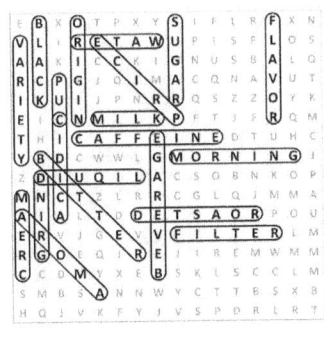

56 - Gemüse

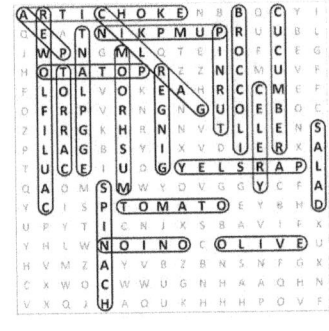

57 - Schönheit

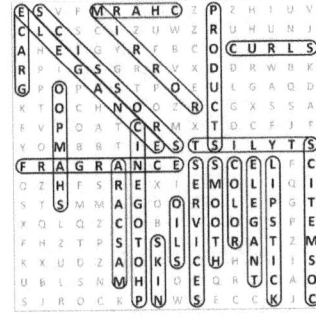

58 - Tanzen

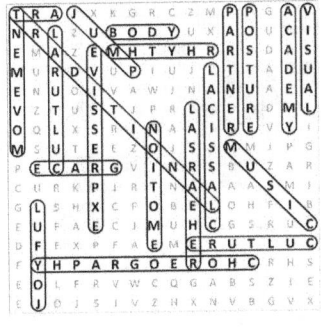

59 - Ernährung

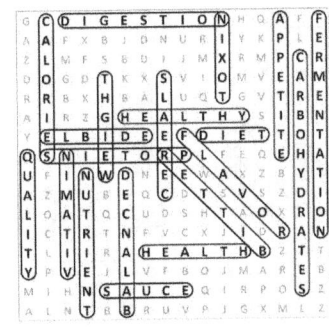

60 - Länder #1

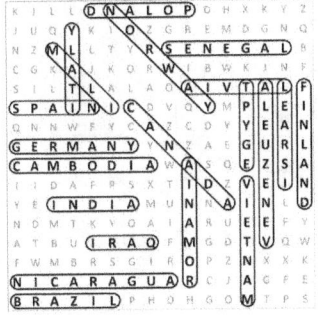

61 - Technologie

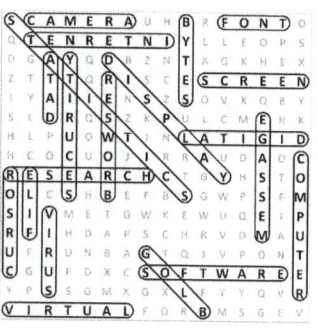

62 - Science Fiction

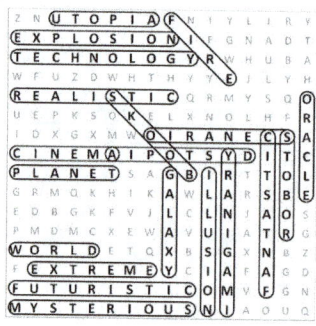

63 - Literatur

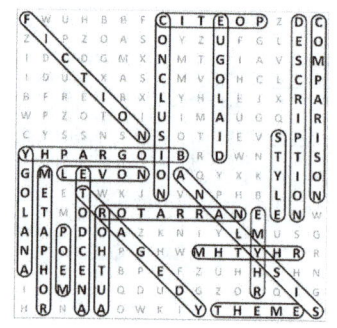

64 - Wandern

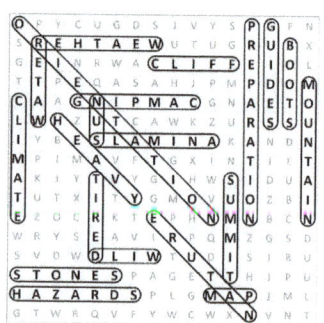

65 - Globale Erwärmung

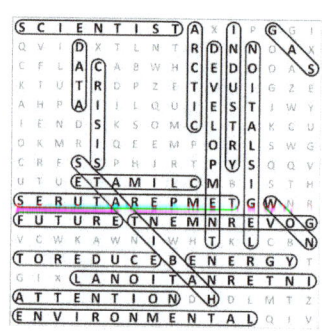

66 - Länder #2

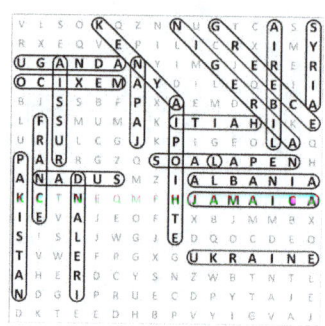

67 - Fahrzeuge

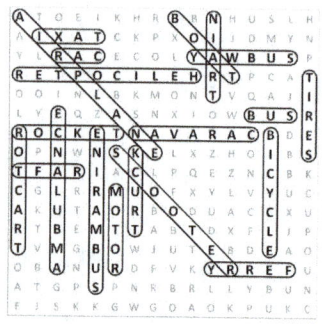

68 - Musikinstrumente

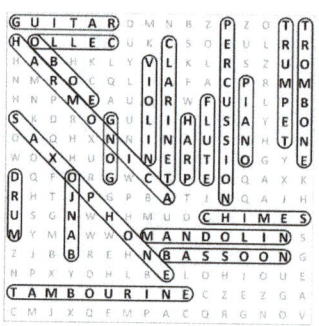

69 - Blumen

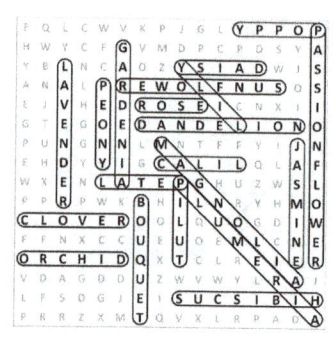

70 - Natur

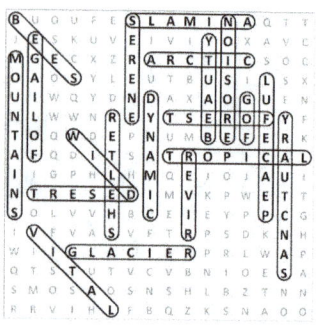

71 - Urlaub #2

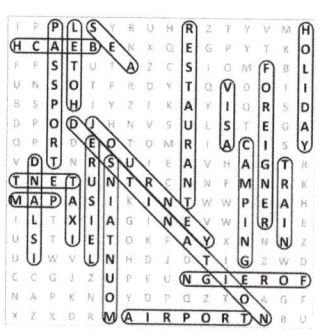

72 - Barbecues

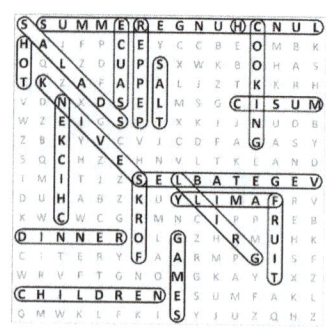

73 - Geographie

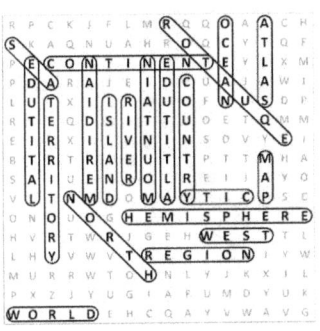

74 - Zahlen

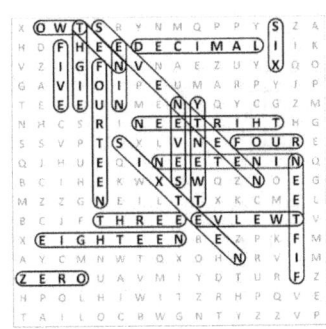

75 - Tage und Monate

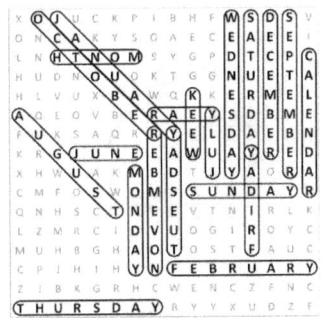

76 - Emotionen

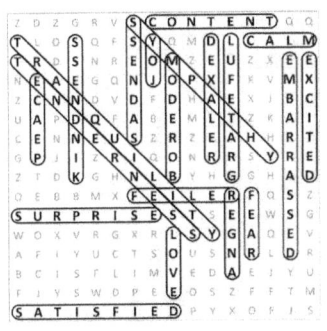

77 - Zu Füllen

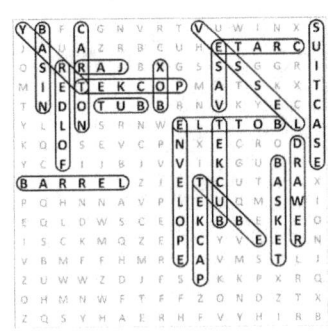

78 - Das Unternehmen

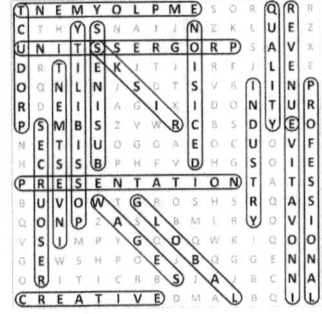

79 - Kräuterkunde

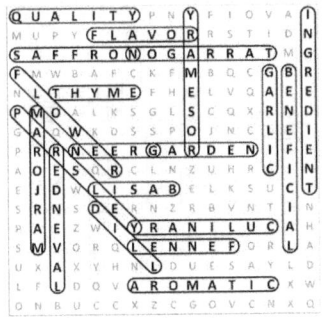

80 - Aktivitäten und Freizeit

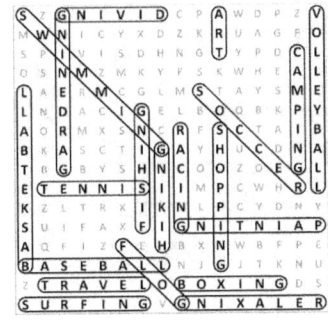

81 - Formen

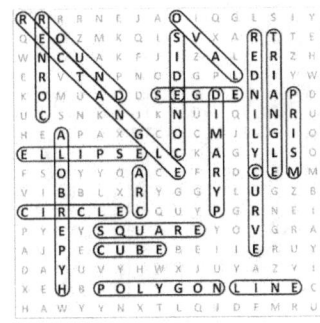

82 - Musik

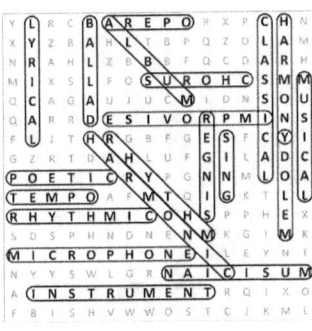

83 - Antiquitäten

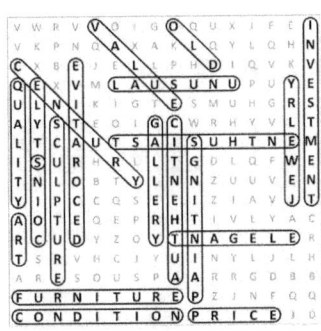

84 - Adjektive #2

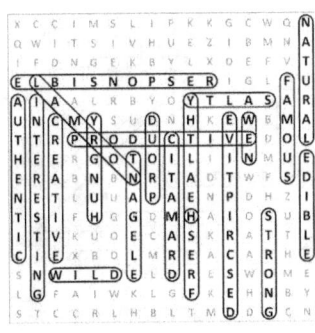

85 - Kleidung

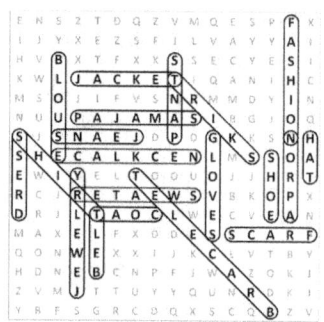

86 - Farben

87 - Haus

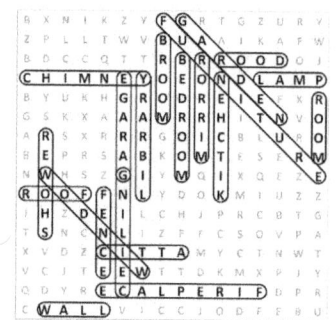

88 - Bauernhof #1

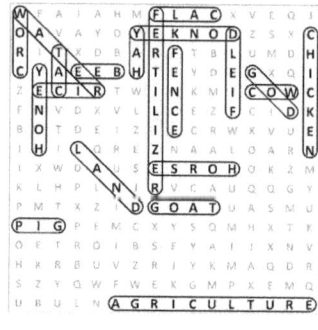

89 - Regierung

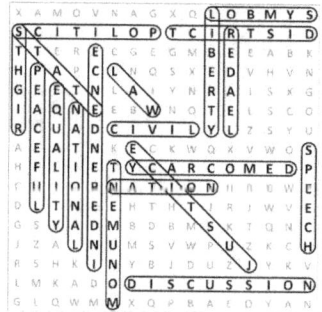

90 - Berufe #1

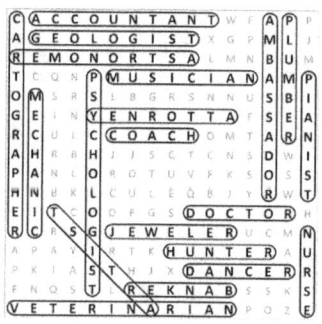

91 - Adjektive #1

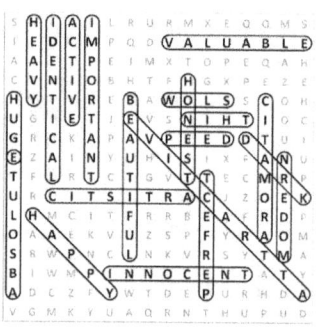

92 - Geometrie

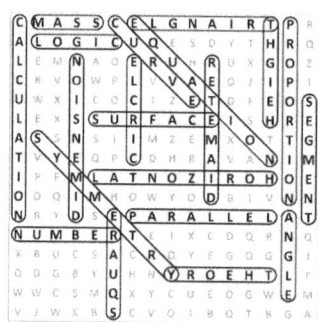

93 - Jazz

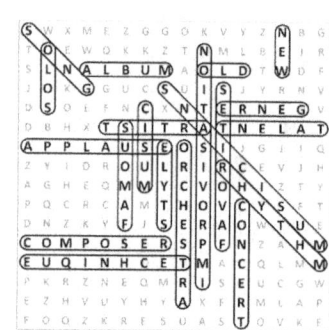

94 - Mathematik

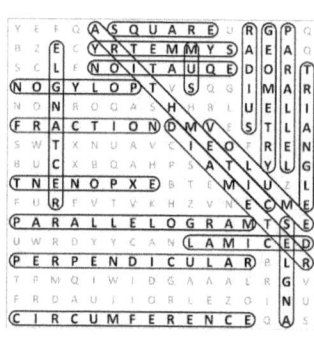

95 - Messungen

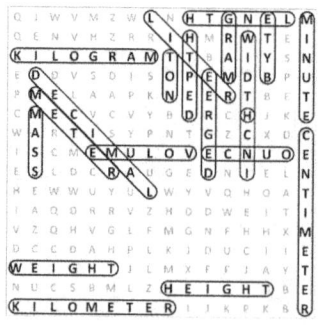

96 - Boxen

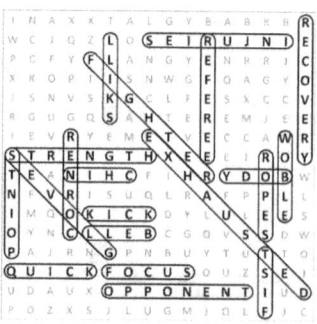

97 - Psychologie

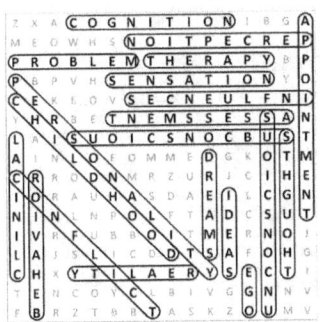

98 - Bauernhof #2

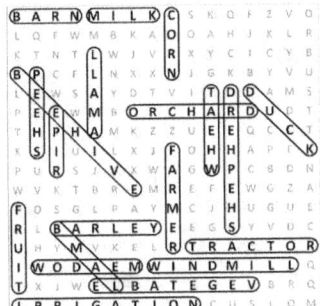

99 - Berufe #2

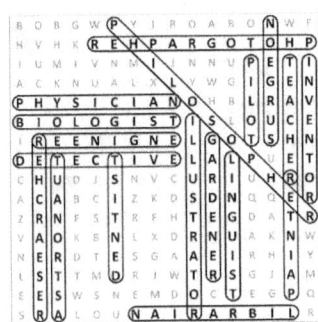

100 - Chemie

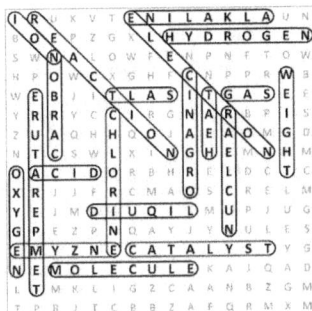

Wörterbuch

Abenteuer
Adventure

Aktivität	Activity
Ausflug	Excursion
Chance	Chance
Freude	Joy
Freunde	Friends
Gefährlich	Dangerous
Gelegenheit	Opportunity
Natur	Nature
Navigation	Navigation
Neu	New
Reisen	Travels
Route	Itinerary
Schönheit	Beauty
Schwierigkeit	Difficulty
Sicherheit	Safety
Tapferkeit	Bravery
Ungewöhnlich	Unusual
Überraschend	Surprising
Vorbereitung	Preparation
Ziel	Destination

Adjektive #1
Adjectives #1

Absolut	Absolute
Aktiv	Active
Aromatisch	Aromatic
Attraktiv	Attractive
Dunkel	Dark
Dünn	Thin
Ehrlich	Honest
Glücklich	Happy
Identisch	Identical
Künstlerisch	Artistic
Langsam	Slow
Modern	Modern
Perfekt	Perfect
Riesig	Huge
Schön	Beautiful
Schwer	Heavy
Tief	Deep
Unschuldig	Innocent
Wertvoll	Valuable
Wichtig	Important

Adjektive #2
Adjectives #2

Authentisch	Authentic
Berühmt	Famous
Beschreibend	Descriptive
Dramatisch	Dramatic
Elegant	Elegant
Essbar	Edible
Frisch	Fresh
Gesund	Healthy
Hungrig	Hungry
Interessant	Interesting
Kreativ	Creative
Natürlich	Natural
Neu	New
Normal	Normal
Produktiv	Productive
Salzig	Salty
Stark	Strong
Stolz	Proud
Verantwortlich	Responsible
Wild	Wild

Agronomie
Agronomy

Boden	Soil
Dünger	Fertilizer
Energie	Energy
Erosion	Erosion
Gemüse	Vegetables
Krankheit	Diseases
Landwirtschaft	Agriculture
Ländlich	Rural
Nachhaltig	Sustainable
Organisch	Organic
Ökologie	Ecology
Pflanzen	Plants
Produktion	Production
Studie	Study
Systeme	Systems
Umwelt	Environment
Verschmutzung	Pollution
Wachstum	Growth
Wasser	Water
Wissenschaft	Science

Aktivitäten
Activities

Aktivität	Activity
Angeln	Fishing
Camping	Camping
Entspannung	Relaxation
Fotografie	Photography
Freizeit	Leisure
Gartenarbeit	Gardening
Gemälde	Painting
Jagd	Hunting
Keramik	Ceramics
Kunst	Art
Kunsthandwerk	Crafts
Lesen	Reading
Magie	Magic
Nähen	Sewing
Spiele	Games
Stricken	Knitting
Tanzen	Dancing
Vergnügen	Pleasure
Wandern	Hiking

Aktivitäten und Freizeit
Activities and Leisure

Angeln	Fishing
Baseball	Baseball
Basketball	Basketball
Boxen	Boxing
Camping	Camping
Einkaufen	Shopping
Entspannend	Relaxing
Fussball	Soccer
Gartenarbeit	Gardening
Gemälde	Painting
Golf	Golf
Kunst	Art
Reise	Travel
Rennen	Racing
Schwimmen	Swimming
Surfen	Surfing
Tauchen	Diving
Tennis	Tennis
Volleyball	Volleyball
Wandern	Hiking

Algebra
Algebra

Bruchteil	Fraction
Diagramm	Diagram
Exponent	Exponent
Faktor	Factor
Falsch	False
Formel	Formula
Gleichung	Equation
Linear	Linear
Lösen	Solve
Lösung	Solution
Matrix	Matrix
Menge	Quantity
Null	Zero
Nummer	Number
Problem	Problem
Subtraktion	Subtraction
Summe	Sum
Unendlich	Infinite
Variable	Variable
Vereinfachen	Simplify

Angeln
Fishing

Ausrüstung	Equipment
Boot	Boat
Draht	Wire
Flossen	Fins
Fluss	River
Geduld	Patience
Gewicht	Weight
Haken	Hook
Jahreszeit	Season
Kiefer	Jaw
Kiemen	Gills
Kochen	Cook
Korb	Basket
Köder	Bait
Ozean	Ocean
See	Lake
Strand	Beach
Übertreibung	Exaggeration
Waage	Scales
Wasser	Water

Antarktis
Antarctica

Bucht	Bay
Eis	Ice
Erhaltung	Conservation
Expedition	Expedition
Felsig	Rocky
Forscher	Researcher
Geographie	Geography
Gletscher	Glaciers
Halbinsel	Peninsula
Kontinent	Continent
Migration	Migration
Mineralien	Minerals
Temperatur	Temperature
Topographie	Topography
Umwelt	Environment
Vögel	Birds
Wasser	Water
Wetter	Weather
Wind	Winds
Wissenschaftlich	Scientific

Antiquitäten
Antiques

Alt	Old
Authentisch	Authentic
Dekorativ	Decorative
Elegant	Elegant
Enthusiast	Enthusiast
Galerie	Gallery
Gemälde	Paintings
Investition	Investment
Jahrhundert	Century
Kunst	Art
Möbel	Furniture
Münzen	Coins
Preis	Price
Qualität	Quality
Schmuck	Jewelry
Skulptur	Sculpture
Stil	Style
Ungewöhnlich	Unusual
Wert	Value
Zustand	Condition

Archäologie
Archeology

Analyse	Analysis
Antiquität	Antiquity
Auswertung	Evaluation
Ära	Era
Experte	Expert
Forscher	Researcher
Fossil	Fossil
Geheimnis	Mystery
Grab	Tomb
Knochen	Bones
Mannschaft	Team
Nachkomme	Descendant
Objekte	Objects
Professor	Professor
Relikt	Relic
Tempel	Temple
Unbekannt	Unknown
Uralt	Ancient
Vergessen	Forgotten
Zivilisation	Civilization

Astronomie
Astronomy

Asteroid	Asteroid
Astronaut	Astronaut
Astronom	Astronomer
Erde	Earth
Himmel	Sky
Komet	Comet
Konstellation	Constellation
Kosmos	Cosmos
Meteor	Meteor
Mond	Moon
Nebel	Nebula
Observatorium	Observatory
Planet	Planet
Rakete	Rocket
Satellit	Satellite
Stern	Star
Supernova	Supernova
Teleskop	Telescope
Tierkreis	Zodiac
Universum	Universe

Ballett
Ballet

Anmutig	Graceful
Applaus	Applause
Ausdrucksvoll	Expressive
Ballerina	Ballerina
Choreographie	Choreography
Fähigkeit	Skill
Geste	Gesture
Intensität	Intensity
Komponist	Composer
Künstlerisch	Artistic
Musik	Music
Muskel	Muscles
Orchester	Orchestra
Probe	Rehearsal
Publikum	Audience
Rhythmus	Rhythm
Solo	Solo
Stil	Style
Tänzer	Dancers
Technik	Technique

Barbecues
Barbecues

Abendessen	Dinner
Familie	Family
Frucht	Fruit
Gabeln	Forks
Gemüse	Vegetables
Grill	Grill
Heiss	Hot
Huhn	Chicken
Hunger	Hunger
Kinder	Children
Kochen	Cooking
Messer	Knives
Mittagessen	Lunch
Musik	Music
Pfeffer	Pepper
Salate	Salads
Salz	Salt
Sommer	Summer
Sosse	Sauce
Spiele	Games

Bauernhof #1
Farm #1

Biene	Bee
Dünger	Fertilizer
Esel	Donkey
Feld	Field
Heu	Hay
Honig	Honey
Huhn	Chicken
Hund	Dog
Kalb	Calf
Katze	Cat
Krähe	Crow
Kuh	Cow
Land	Land
Landwirtschaft	Agriculture
Pferd	Horse
Reis	Rice
Schwein	Pig
Wasser	Water
Zaun	Fence
Ziege	Goat

Bauernhof #2
Farm #2

Bauer	Farmer
Bewässerung	Irrigation
Bienenstock	Beehive
Ente	Duck
Frucht	Fruit
Gemüse	Vegetable
Gerste	Barley
Lama	Llama
Lamm	Lamb
Mais	Corn
Milch	Milk
Obstgarten	Orchard
Reif	Ripe
Schaf	Sheep
Schäfer	Shepherd
Scheune	Barn
Traktor	Tractor
Weizen	Wheat
Wiese	Meadow
Windmühle	Windmill

Berufe #1
Professions #1

Arzt	Doctor
Astronom	Astronomer
Bankier	Banker
Botschafter	Ambassador
Buchhalter	Accountant
Geologe	Geologist
Jäger	Hunter
Juwelier	Jeweler
Kartograph	Cartographer
Klempner	Plumber
Krankenschwester	Nurse
Künstler	Artist
Mechaniker	Mechanic
Musiker	Musician
Pianist	Pianist
Psychologe	Psychologist
Rechtsanwalt	Attorney
Tänzer	Dancer
Tierarzt	Veterinarian
Trainer	Coach

Berufe #2
Professions #2

Arzt	Physician
Astronaut	Astronaut
Bibliothekar	Librarian
Biologe	Biologist
Chirurg	Surgeon
Detektiv	Detective
Erfinder	Inventor
Forscher	Researcher
Fotograf	Photographer
Gärtner	Gardener
Illustrator	Illustrator
Ingenieur	Engineer
Journalist	Journalist
Lehrer	Teacher
Linguist	Linguist
Maler	Painter
Philosoph	Philosopher
Pilot	Pilot
Zahnarzt	Dentist
Zoologe	Zoologist

Bienen
Bees

Bestäuber	Pollinator
Bienenkorb	Hive
Blumen	Flowers
Blüte	Blossom
Flügel	Wings
Frucht	Fruit
Garten	Garden
Honig	Honey
Insekt	Insect
Königin	Queen
Lebensraum	Habitat
Ökosystem	Ecosystem
Pflanzen	Plants
Pollen	Pollen
Rauch	Smoke
Schwarm	Swarm
Sonne	Sun
Vielfalt	Diversity
Vorteilhaft	Beneficial
Wachs	Wax

Biologie
Biology

Anatomie	Anatomy
Chromosom	Chromosome
Embryo	Embryo
Enzym	Enzyme
Erreger	Pathogen
Evolution	Evolution
Hormon	Hormone
Kollagen	Collagen
Mutation	Mutation
Natürlich	Natural
Nerv	Nerve
Neuron	Neuron
Osmose	Osmosis
Pflanzen	Plants
Protein	Protein
Reptil	Reptile
Säugetier	Mammal
Symbiose	Symbiosis
Synapse	Synapse
Zelle	Cell

Blumen
Flowers

Blütenblatt	Petal
Gardenie	Gardenia
Gänseblümchen	Daisy
Hibiskus	Hibiscus
Jasmin	Jasmine
Klee	Clover
Lavendel	Lavender
Lila	Lilac
Lilie	Lily
Löwenzahn	Dandelion
Magnolie	Magnolia
Mohn	Poppy
Orchidee	Orchid
Passionsblume	Passionflower
Pfingstrose	Peony
Plumeria	Plumeria
Rose	Rose
Sonnenblume	Sunflower
Strauss	Bouquet
Tulpe	Tulip

Boote
Boats

Anker	Anchor
Boje	Buoy
Crew	Crew
Dock	Dock
Fähre	Ferry
Floss	Raft
Fluss	River
Kajak	Kayak
Kanu	Canoe
Mast	Mast
Meer	Sea
Motor	Engine
Nautisch	Nautical
Ozean	Ocean
Rettungsboot	Lifeboat
See	Lake
Segelboot	Sailboat
Seil	Rope
Wellen	Waves
Yacht	Yacht

Boxen
Boxing

Ecke	Corner
Ellbogen	Elbow
Erschöpft	Exhausted
Faust	Fist
Fähigkeit	Skill
Fokus	Focus
Gegner	Opponent
Glocke	Bell
Handschuhe	Gloves
Kämpfer	Fighter
Kick	Kick
Kinn	Chin
Körper	Body
Punkte	Points
Recovery	Recovery
Schiedsrichter	Referee
Schnell	Quick
Seile	Ropes
Stärke	Strength
Verletzungen	Injuries

Bücher
Books

Abenteuer	Adventure
Autor	Author
Dualität	Duality
Episch	Epic
Erfinderisch	Inventive
Erzähler	Narrator
Gedicht	Poem
Geschichte	Story
Geschrieben	Written
Historisch	Historical
Humorvoll	Humorous
Kollektion	Collection
Kontext	Context
Leser	Reader
Literarisch	Literary
Poesie	Poetry
Roman	Novel
Seite	Page
Serie	Series
Tragisch	Tragic

Camping
Camping

Abenteuer	Adventure
Berg	Mountain
Feuer	Fire
Hängematte	Hammock
Hut	Hat
Insekt	Insect
Jagd	Hunting
Kabine	Cabin
Kanu	Canoe
Karte	Map
Kompass	Compass
Laterne	Lantern
Mond	Moon
Natur	Nature
See	Lake
Seil	Rope
Spass	Fun
Tiere	Animals
Wald	Forest
Zelt	Tent

Chemie
Chemistry

Alkalisch	Alkaline
Chlor	Chlorine
Elektron	Electron
Enzym	Enzyme
Flüssigkeit	Liquid
Gas	Gas
Gewicht	Weight
Hitze	Heat
Ion	Ion
Katalysator	Catalyst
Kohlenstoff	Carbon
Molekül	Molecule
Nuklear	Nuclear
Organisch	Organic
Reaktion	Reaction
Salz	Salt
Sauerstoff	Oxygen
Säure	Acid
Temperatur	Temperature
Wasserstoff	Hydrogen

Das Unternehmen
The Company

Beschäftigung	Employment
Einheiten	Units
Einnahmen	Revenue
Entscheidung	Decision
Fortschritt	Progress
Geschäft	Business
Global	Global
Industrie	Industry
Innovativ	Innovative
Investition	Investment
Kreativ	Creative
Löhne	Wages
Möglichkeit	Possibility
Präsentation	Presentation
Produkt	Product
Professionell	Professional
Qualität	Quality
Ressourcen	Resources
Risiken	Risks
Ruf	Reputation

Diplomatie
Diplomacy

Ausländisch	Foreign
Berater	Adviser
Botschaft	Embassy
Botschafter	Ambassador
Bürger	Citizens
Diplomatisch	Diplomatic
Diskussion	Discussion
Ethik	Ethics
Gemeinschaft	Community
Gerechtigkeit	Justice
Humanität	Humanitarian
Integrität	Integrity
Konflikt	Conflict
Lösung	Solution
Politik	Politics
Regierung	Government
Sicherheit	Security
Sprachen	Languages
Vertrag	Treaty
Zusammenarbeit	Cooperation

Emotionen
Emotions

Angst	Fear
Aufgeregt	Excited
Beschämt	Embarrassed
Dankbar	Grateful
Entspannt	Relaxed
Freude	Joy
Freundlichkeit	Kindness
Frieden	Peace
Inhalt	Content
Langeweile	Boredom
Liebe	Love
Relief	Relief
Ruhe	Tranquility
Ruhig	Calm
Sympathie	Sympathy
Traurigkeit	Sadness
Überraschen	Surprise
Wut	Anger
Zärtlichkeit	Tenderness
Zufrieden	Satisfied

Energie
Energy

Batterie	Battery
Benzin	Gasoline
Brennstoff	Fuel
Diesel	Diesel
Elektrisch	Electric
Elektron	Electron
Entropie	Entropy
Erneuerbar	Renewable
Hitze	Heat
Industrie	Industry
Kohlenstoff	Carbon
Motor	Motor
Nuklear	Nuclear
Photon	Photon
Sonne	Sun
Turbine	Turbine
Umwelt	Environment
Verschmutzung	Pollution
Wasserstoff	Hydrogen
Wind	Wind

Ernährung
Nutrition

Appetit	Appetite
Ausgewogen	Balanced
Bitter	Bitter
Diät	Diet
Essbar	Edible
Fermentation	Fermentation
Geschmack	Flavor
Gesund	Healthy
Gesundheit	Health
Getreide	Cereals
Gewicht	Weight
Kalorien	Calories
Kohlenhydrate	Carbohydrates
Nährstoff	Nutrient
Proteine	Proteins
Qualität	Quality
Sosse	Sauce
Toxin	Toxin
Verdauung	Digestion
Vitamin	Vitamin

Essen #1
Food #1

Basilikum	Basil
Birne	Pear
Erdbeere	Strawberry
Erdnuss	Peanut
Fleisch	Meat
Kaffee	Coffee
Karotte	Carrot
Knoblauch	Garlic
Milch	Milk
Rübe	Turnip
Saft	Juice
Salat	Salad
Salz	Salt
Spinat	Spinach
Suppe	Soup
Thunfisch	Tuna
Zimt	Cinnamon
Zitrone	Lemon
Zucker	Sugar
Zwiebel	Onion

Essen #2
Food #2

Apfel	Apple
Artischocke	Artichoke
Aubergine	Eggplant
Banane	Banana
Brokkoli	Broccoli
Brot	Bread
Ei	Egg
Fisch	Fish
Joghurt	Yogurt
Käse	Cheese
Kirsche	Cherry
Mandel	Almond
Pilz	Mushroom
Reis	Rice
Schinken	Ham
Schokolade	Chocolate
Sellerie	Celery
Spargel	Asparagus
Tomate	Tomato
Weizen	Wheat

Ethik
Ethics

Altruismus	Altruism
Diplomatisch	Diplomatic
Ehrlichkeit	Honesty
Freundlichkeit	Kindness
Geduld	Patience
Individualismus	Individualism
Integrität	Integrity
Menschheit	Humanity
Mitgefühl	Compassion
Optimismus	Optimism
Philosophie	Philosophy
Rationalität	Rationality
Realismus	Realism
Respektvoll	Respectful
Toleranz	Tolerance
Vernünftig	Reasonable
Weisheit	Wisdom
Werte	Values
Würde	Dignity
Zusammenarbeit	Cooperation

Fahren
Driving

Auto	Car
Bremsen	Brakes
Brennstoff	Fuel
Bus	Bus
Fussgänger	Pedestrian
Garage	Garage
Gas	Gas
Gefahr	Danger
Geschwindigkeit	Speed
Karte	Map
Lizenz	License
Lkw	Truck
Motor	Motor
Motorrad	Motorcycle
Polizei	Police
Sicherheit	Safety
Tunnel	Tunnel
Unfall	Accident
Verkehr	Traffic
Vorsicht	Caution

Fahrzeuge
Vehicles

Auto	Car
Boot	Boat
Bus	Bus
Fahrrad	Bicycle
Fähre	Ferry
Floss	Raft
Flugzeug	Airplane
Hubschrauber	Helicopter
Krankenwagen	Ambulance
Lkw	Truck
Motor	Motor
Rakete	Rocket
Reifen	Tires
Roller	Scooter
Taxi	Taxi
Traktor	Tractor
U-Bahn	Subway
U-Boot	Submarine
Wohnwagen	Caravan
Zug	Train

Familie
Family

Bruder	Brother
Ehefrau	Wife
Ehemann	Husband
Enkel	Grandson
Grossmutter	Grandmother
Grossvater	Grandfather
Kind	Child
Kindheit	Childhood
Mutter	Mother
Mütterlich	Maternal
Neffe	Nephew
Nichte	Niece
Onkel	Uncle
Schwester	Sister
Tante	Aunt
Tochter	Daughter
Vater	Father
Väterlich	Paternal
Vetter	Cousin
Vorfahr	Ancestor

Farben
Colors

Azurblau	Azure
Beige	Beige
Blau	Blue
Braun	Brown
Fuchsie	Fuchsia
Gelb	Yellow
Grau	Grey
Grün	Green
Indigo	Indigo
Lila	Purple
Magenta	Magenta
Orange	Orange
Purpur	Crimson
Rosa	Pink
Rot	Red
Schwarz	Black
Sepia	Sepia
Violett	Violet
Weiss	White
Zyan	Cyan

Flugzeuge
Airplanes

Abenteuer	Adventure
Abstieg	Descent
Atmosphäre	Atmosphere
Ballon	Balloon
Brennstoff	Fuel
Crew	Crew
Design	Design
Geschichte	History
Himmel	Sky
Höhe	Height
Konstruktion	Construction
Luft	Air
Motor	Engine
Navigieren	Navigate
Passagier	Passenger
Pilot	Pilot
Propeller	Propellers
Turbulenz	Turbulence
Wasserstoff	Hydrogen
Wetter	Weather

Formen
Shapes

Bogen	Arc
Dreieck	Triangle
Ecke	Corner
Ellipse	Ellipse
Hyperbel	Hyperbola
Kanten	Edges
Kegel	Cone
Kreis	Circle
Kurve	Curve
Linie	Line
Oval	Oval
Polygon	Polygon
Prisma	Prism
Pyramide	Pyramid
Quadrat	Square
Rechteck	Rectangle
Rund	Round
Seite	Side
Würfel	Cube
Zylinder	Cylinder

Garten
Garden

Bank	Bench
Baum	Tree
Blume	Flower
Boden	Soil
Busch	Bush
Garage	Garage
Garten	Garden
Gras	Grass
Hängematte	Hammock
Obstgarten	Orchard
Rasen	Lawn
Rechen	Rake
Schaufel	Shovel
Schlauch	Hose
Teich	Pond
Terrasse	Terrace
Trampolin	Trampoline
Unkraut	Weeds
Veranda	Porch
Zaun	Fence

Gebäude
Buildings

Bauernhof	Farm
Botschaft	Embassy
Fabrik	Factory
Garage	Garage
Herberge	Hostel
Hotel	Hotel
Kabine	Cabin
Kino	Cinema
Krankenhaus	Hospital
Labor	Laboratory
Museum	Museum
Observatorium	Observatory
Scheune	Barn
Schule	School
Stadion	Stadium
Supermarkt	Supermarket
Theater	Theater
Turm	Tower
Universität	University
Zelt	Tent

Gemüse
Vegetables

Artischocke	Artichoke
Aubergine	Eggplant
Blumenkohl	Cauliflower
Brokkoli	Broccoli
Erbse	Pea
Gurke	Cucumber
Ingwer	Ginger
Karotte	Carrot
Kartoffel	Potato
Knoblauch	Garlic
Kürbis	Pumpkin
Olive	Olive
Petersilie	Parsley
Pilz	Mushroom
Rübe	Turnip
Salat	Salad
Sellerie	Celery
Spinat	Spinach
Tomate	Tomato
Zwiebel	Onion

Geographie
Geography

Atlas	Atlas
Äquator	Equator
Berg	Mountain
Breite	Latitude
Fluss	River
Gebiet	Territory
Hemisphäre	Hemisphere
Höhe	Altitude
Insel	Island
Karte	Map
Kontinent	Continent
Land	Country
Meer	Sea
Meridian	Meridian
Norden	North
Ozean	Ocean
Region	Region
Stadt	City
Welt	World
West	West

Geologie
Geology

Erdbeben	Earthquake
Erosion	Erosion
Fossil	Fossil
Geschmolzen	Molten
Geysir	Geyser
Höhle	Cavern
Kalzium	Calcium
Kontinent	Continent
Koralle	Coral
Lava	Lava
Mineralien	Minerals
Plateau	Plateau
Quarz	Quartz
Salz	Salt
Säure	Acid
Stalagmiten	Stalagmites
Stalaktit	Stalactite
Stein	Stone
Vulkan	Volcano
Zone	Zone

Geometrie
Geometry

Anteil	Proportion
Berechnung	Calculation
Dimension	Dimension
Dreieck	Triangle
Durchmesser	Diameter
Gleichung	Equation
Horizontal	Horizontal
Höhe	Height
Kreis	Circle
Kurve	Curve
Logik	Logic
Masse	Mass
Nummer	Number
Oberfläche	Surface
Parallel	Parallel
Quadrat	Square
Segment	Segment
Symmetrie	Symmetry
Theorie	Theory
Winkel	Angle

Geschäft
Business

Arbeitgeber	Employer
Budget	Budget
Büro	Office
Einkommen	Income
Fabrik	Factory
Geld	Money
Geschäft	Shop
Gewinn	Profit
Investition	Investment
Karriere	Career
Kosten	Cost
Manager	Manager
Mitarbeiter	Employee
Rabatt	Discount
Steuern	Taxes
Transaktion	Transaction
Verkauf	Sale
Ware	Merchandise
Währung	Currency
Wirtschaft	Economics

Gesundheit und Wellness #1
Health and Wellness #1

Aktiv	Active
Apotheke	Pharmacy
Arzt	Doctor
Bakterien	Bacteria
Behandlung	Treatment
Entspannung	Relaxation
Fraktur	Fracture
Gewohnheit	Habit
Haut	Skin
Höhe	Height
Hunger	Hunger
Klinik	Clinic
Knochen	Bones
Medizin	Medicine
Medizinisch	Medical
Nerven	Nerves
Reflex	Reflex
Therapie	Therapy
Verletzung	Injury
Virus	Virus

Gesundheit und Wellness #2
Health and Wellness #2

Allergie	Allergy
Anatomie	Anatomy
Appetit	Appetite
Blut	Blood
Diät	Diet
Energie	Energy
Genetik	Genetics
Gesund	Healthy
Gewicht	Weight
Hygiene	Hygiene
Infektion	Infection
Kalorie	Calorie
Krankenhaus	Hospital
Krankheit	Disease
Massage	Massage
Risiken	Risks
Schlafen	Sleep
Sport	Sports
Stress	Stress
Vitamin	Vitamin

Gewürze
Spices

Anis	Anise
Bitter	Bitter
Curry	Curry
Fenchel	Fennel
Geschmack	Flavor
Ingwer	Ginger
Kardamom	Cardamom
Knoblauch	Garlic
Lakritze	Licorice
Muskatnuss	Nutmeg
Nelke	Clove
Paprika	Paprika
Pfeffer	Pepper
Safran	Saffron
Salz	Salt
Sauer	Sour
Süss	Sweet
Vanille	Vanilla
Zimt	Cinnamon
Zwiebel	Onion

Globale Erwärmung
Global Warming

Arktis	Arctic
Aufmerksamkeit	Attention
Daten	Data
Energie	Energy
Entwicklung	Development
Gas	Gas
Generationen	Generations
Gesetzgebung	Legislation
Industrie	Industry
International	International
Jetzt	Now
Klima	Climate
Krise	Crisis
Lebensraum	Habitats
Reduzieren	To Reduce
Regierung	Government
Temperaturen	Temperatures
Umwelt	Environmental
Wissenschaftler	Scientist
Zukunft	Future

Haartypen
Hair Types

Blond	Blond
Braun	Brown
Dick	Thick
Dünn	Thin
Farbig	Colored
Geflochten	Braided
Gesund	Healthy
Grau	Gray
Kahl	Bald
Kurz	Short
Lang	Long
Locken	Curls
Lockig	Curly
Schwarz	Black
Silber	Silver
Trocken	Dry
Weich	Soft
Weiss	White
Wellig	Wavy
Zöpfe	Braids

Haus
House

Besen	Broom
Bibliothek	Library
Dach	Roof
Dachboden	Attic
Decke	Ceiling
Dusche	Shower
Fenster	Window
Garage	Garage
Garten	Garden
Kamin	Fireplace
Küche	Kitchen
Lampe	Lamp
Möbel	Furniture
Schlafzimmer	Bedroom
Schornstein	Chimney
Spiegel	Mirror
Tür	Door
Wand	Wall
Zaun	Fence
Zimmer	Room

Ingenieurwesen
Engineering

Achse	Axis
Antrieb	Propulsion
Berechnung	Calculation
Diagramm	Diagram
Diesel	Diesel
Durchmesser	Diameter
Energie	Energy
Flüssigkeit	Liquid
Getriebe	Gears
Hebel	Levers
Konstruktion	Construction
Maschine	Machine
Messung	Measurement
Motor	Motor
Stabilität	Stability
Stärke	Strength
Struktur	Structure
Tiefe	Depth
Verteilung	Distribution
Winkel	Angle

Jazz
Jazz

Album	Album
Alt	Old
Applaus	Applause
Berühmt	Famous
Favoriten	Favorites
Genre	Genre
Improvisation	Improvisation
Komponist	Composer
Konzert	Concert
Künstler	Artist
Lied	Song
Musik	Music
Musiker	Musicians
Neu	New
Orchester	Orchestra
Rhythmus	Rhythm
Solo	Solo
Stil	Style
Talent	Talent
Technik	Technique

Kaffee
Coffee

Aroma	Aroma
Bitter	Bitter
Creme	Cream
Filter	Filter
Flüssigkeit	Liquid
Geröstet	Roasted
Geschmack	Flavor
Getränk	Beverage
Koffein	Caffeine
Mahlen	Grind
Milch	Milk
Morgen	Morning
Preis	Price
Sauer	Acidic
Schwarz	Black
Tasse	Cup
Ursprung	Origin
Vielfalt	Variety
Wasser	Water
Zucker	Sugar

Kleidung
Clothes

Armband	Bracelet
Bluse	Blouse
Gürtel	Belt
Halskette	Necklace
Handschuhe	Gloves
Hemd	Shirt
Hose	Pants
Hut	Hat
Jacke	Jacket
Jeans	Jeans
Kleid	Dress
Mantel	Coat
Mode	Fashion
Pullover	Sweater
Rock	Skirt
Schal	Scarf
Schlafanzug	Pajamas
Schmuck	Jewelry
Schuh	Shoe
Schürze	Apron

Krankheit
Disease

Abdominal	Abdominal
Allergien	Allergies
Ansteckend	Contagious
Atemwege	Respiratory
Bakteriell	Bacterial
Chronisch	Chronic
Entzündung	Inflammation
Erblich	Hereditary
Genetisch	Genetic
Gesundheit	Health
Herz	Heart
Immunität	Immunity
Knochen	Bones
Körper	Body
Neuropathie	Neuropathy
Schwach	Weak
Sinus	Sinus
Syndrom	Syndrome
Therapie	Therapy
Wellness	Wellness

Kräuterkunde
Herbalism

Aromatisch	Aromatic
Basilikum	Basil
Blume	Flower
Dill	Dill
Estragon	Tarragon
Fenchel	Fennel
Garten	Garden
Geschmack	Flavor
Grün	Green
Knoblauch	Garlic
Kulinarisch	Culinary
Lavendel	Lavender
Majoran	Marjoram
Petersilie	Parsley
Qualität	Quality
Rosmarin	Rosemary
Safran	Saffron
Thymian	Thyme
Vorteilhaft	Beneficial
Zutat	Ingredient

Kreativität
Creativity

Ausdruck	Expression
Authentizität	Authenticity
Bild	Image
Dramatisch	Dramatic
Eindruck	Impression
Erfinderisch	Inventive
Fähigkeit	Skill
Flüssigkeit	Fluidity
Gefühle	Feelings
Ideen	Ideas
Inspiration	Inspiration
Intensität	Intensity
Intuition	Intuition
Klarheit	Clarity
Künstlerisch	Artistic
Phantasie	Imagination
Sensation	Sensation
Spontan	Spontaneous
Visionen	Visions
Vitalität	Vitality

Landschaften
Landscapes

Berg	Mountain
Eisberg	Iceberg
Fluss	River
Geysir	Geyser
Gletscher	Glacier
Golf	Gulf
Halbinsel	Peninsula
Höhle	Cave
Hügel	Hill
Insel	Island
Meer	Sea
Oase	Oasis
See	Lake
Strand	Beach
Sumpf	Swamp
Tal	Valley
Tundra	Tundra
Vulkan	Volcano
Wasserfall	Waterfall
Wüste	Desert

Länder #1
Countries #1

Ägypten	Egypt
Brasilien	Brazil
Deutschland	Germany
Finnland	Finland
Indien	India
Irak	Iraq
Israel	Israel
Italien	Italy
Kambodscha	Cambodia
Kanada	Canada
Lettland	Latvia
Mali	Mali
Nicaragua	Nicaragua
Norwegen	Norway
Polen	Poland
Rumänien	Romania
Senegal	Senegal
Spanien	Spain
Venezuela	Venezuela
Vietnam	Vietnam

Länder #2
Countries #2

Albanien	Albania
Äthiopien	Ethiopia
Frankreich	France
Griechenland	Greece
Haiti	Haiti
Irland	Ireland
Jamaika	Jamaica
Japan	Japan
Kenia	Kenya
Laos	Laos
Liberia	Liberia
Mexiko	Mexico
Nepal	Nepal
Nigeria	Nigeria
Pakistan	Pakistan
Russland	Russia
Sudan	Sudan
Syrien	Syria
Uganda	Uganda
Ukraine	Ukraine

Literatur
Literature

Analogie	Analogy
Analyse	Analysis
Anekdote	Anecdote
Autor	Author
Beschreibung	Description
Biographie	Biography
Dialog	Dialogue
Erzähler	Narrator
Fiktion	Fiction
Gedicht	Poem
Metapher	Metaphor
Poetisch	Poetic
Reim	Rhyme
Rhythmus	Rhythm
Roman	Novel
Schlussfolgerung	Conclusion
Stil	Style
Thema	Theme
Tragödie	Tragedy
Vergleich	Comparison

Mathematik
Math

Arithmetik	Arithmetic
Bruchteil	Fraction
Dezimal	Decimal
Dreieck	Triangle
Durchmesser	Diameter
Exponent	Exponent
Geometrie	Geometry
Gleichung	Equation
Parallel	Parallel
Parallelogramm	Parallelogram
Polygon	Polygon
Quadrat	Square
Radius	Radius
Rechteck	Rectangle
Senkrecht	Perpendicular
Summe	Sum
Symmetrie	Symmetry
Umfang	Circumference
Volumen	Volume
Winkel	Angles

Meditation
Meditation

Annahme	Acceptance
Aufmerksamkeit	Attention
Bewegung	Movement
Dankbarkeit	Gratitude
Freundlichkeit	Kindness
Frieden	Peace
Gedanken	Thoughts
Geistig	Mental
Glück	Happiness
Klarheit	Clarity
Lehre	Teachings
Lernen	To Learn
Mitgefühl	Compassion
Musik	Music
Natur	Nature
Perspektive	Perspective
Ruhig	Calm
Stille	Silence
Verstand	Mind
Wach	Awake

Menschlicher Körper
Human Body

Bein	Leg
Blut	Blood
Ellbogen	Elbow
Finger	Finger
Gehirn	Brain
Gesicht	Face
Hals	Neck
Hand	Hand
Haut	Skin
Herz	Heart
Kiefer	Jaw
Kinn	Chin
Knie	Knee
Knöchel	Ankle
Kopf	Head
Mund	Mouth
Nase	Nose
Ohr	Ear
Schulter	Shoulder
Zunge	Tongue

Messungen
Measurements

Breite	Width
Byte	Byte
Dezimal	Decimal
Gewicht	Weight
Grad	Degree
Gramm	Gram
Höhe	Height
Kilogramm	Kilogram
Kilometer	Kilometer
Länge	Length
Liter	Liter
Masse	Mass
Meter	Meter
Minute	Minute
Tiefe	Depth
Tonne	Ton
Unze	Ounce
Volumen	Volume
Zentimeter	Centimeter
Zoll	Inch

Mode
Fashion

Bescheiden	Modest
Boutique	Boutique
Einfach	Simple
Elegant	Elegant
Erschwinglich	Affordable
Kleidung	Clothing
Komfortabel	Comfortable
Minimalistisch	Minimalist
Modern	Modern
Muster	Pattern
Original	Original
Praktisch	Practical
Spitze	Lace
Stickerei	Embroidery
Stil	Style
Stoff	Fabric
Tasten	Buttons
Teuer	Expensive
Textur	Texture
Trend	Trend

Musik
Music

Album	Album
Ballade	Ballad
Chor	Chorus
Harmonie	Harmony
Harmonisch	Harmonic
Improvisieren	Improvise
Instrument	Instrument
Klassisch	Classical
Lyrisch	Lyrical
Melodie	Melody
Mikrofon	Microphone
Musical	Musical
Musiker	Musician
Oper	Opera
Poetisch	Poetic
Rhythmisch	Rhythmic
Rhythmus	Rhythm
Sänger	Singer
Singen	Sing
Tempo	Tempo

Musikinstrumente
Musical Instruments

Banjo	Banjo
Cello	Cello
Fagott	Bassoon
Flöte	Flute
Geige	Violin
Gitarre	Guitar
Glockenspiel	Chimes
Gong	Gong
Harfe	Harp
Klarinette	Clarinet
Klavier	Piano
Mandoline	Mandolin
Mundharmonika	Harmonica
Oboe	Oboe
Posaune	Trombone
Saxophon	Saxophone
Schlagzeug	Percussion
Tamburin	Tambourine
Trommel	Drum
Trompete	Trumpet

Mythologie
Mythology

Archetyp	Archetype
Blitz	Lightning
Donner	Thunder
Eifersucht	Jealousy
Held	Hero
Himmel	Heaven
Katastrophe	Disaster
Kreation	Creation
Kreatur	Creature
Krieger	Warrior
Kultur	Culture
Labyrinth	Labyrinth
Legende	Legend
Magisch	Magical
Monster	Monster
Rache	Revenge
Stärke	Strength
Sterblich	Mortal
Unsterblichkeit	Immortality
Verhalten	Behavior

Natur
Nature

Arktis	Arctic
Berge	Mountains
Bienen	Bees
Dynamisch	Dynamic
Erosion	Erosion
Fluss	River
Friedlich	Peaceful
Gletscher	Glacier
Heiligtum	Sanctuary
Heiter	Serene
Laub	Foliage
Lebenswichtig	Vital
Nebel	Fog
Schönheit	Beauty
Schutz	Shelter
Tiere	Animals
Tropisch	Tropical
Wald	Forest
Wild	Wild
Wüste	Desert

Obst
Fruit

Ananas	Pineapple
Apfel	Apple
Aprikose	Apricot
Avocado	Avocado
Banane	Banana
Beere	Berry
Birne	Pear
Brombeere	Blackberry
Himbeere	Raspberry
Kirsche	Cherry
Kiwi	Kiwi
Kokosnuss	Coconut
Melone	Melon
Nektarine	Nectarine
Orange	Orange
Papaya	Papaya
Pfirsich	Peach
Pflaume	Plum
Traube	Grape
Zitrone	Lemon

Ozean
Ocean

Aal	Eel
Auster	Oyster
Boot	Boat
Delfin	Dolphin
Fisch	Fish
Garnele	Shrimp
Gezeiten	Tides
Hai	Shark
Koralle	Coral
Krabbe	Crab
Krake	Octopus
Qualle	Jellyfish
Riff	Reef
Salz	Salt
Schildkröte	Turtle
Schwamm	Sponge
Sturm	Storm
Thunfisch	Tuna
Wal	Whale
Wellen	Waves

Ökologie
Ecology

Art	Species
Berge	Mountains
Dürre	Drought
Fauna	Fauna
Flora	Flora
Freiwillige	Volunteers
Gemeinschaft	Communities
Global	Global
Klima	Climate
Lebensraum	Habitat
Marine	Marine
Nachhaltig	Sustainable
Natur	Nature
Natürlich	Natural
Pflanzen	Plants
Ressourcen	Resources
Sumpf	Marsh
Überleben	Survival
Vegetation	Vegetation
Vielfalt	Diversity

Pflanzen
Plants

Bambus	Bamboo
Baum	Tree
Beere	Berry
Blume	Flower
Blütenblatt	Petal
Bohne	Bean
Botanik	Botany
Busch	Bush
Dünger	Fertilizer
Efeu	Ivy
Flora	Flora
Garten	Garden
Gras	Grass
Kaktus	Cactus
Kraut	Herb
Laub	Foliage
Moos	Moss
Vegetation	Vegetation
Wald	Forest
Wurzel	Root

Philanthropie
Philanthropy

Brauchen	Need
Ehrlichkeit	Honesty
Finanzieren	Finance
Gemeinschaft	Community
Geschichte	History
Global	Global
Grosszügigkeit	Generosity
Gruppen	Groups
Jugend	Youth
Kinder	Children
Kontakte	Contacts
Menschen	People
Menschheit	Humanity
Mission	Mission
Mittel	Funds
Nächstenliebe	Charity
Öffentlich	Public
Programme	Programs
Spenden	Donate
Ziele	Goals

Physik
Physics

Atom	Atom
Beschleunigung	Acceleration
Chaos	Chaos
Chemisch	Chemical
Dichte	Density
Elektron	Electron
Experiment	Experiment
Formel	Formula
Frequenz	Frequency
Gas	Gas
Geschwindigkeit	Velocity
Magnetismus	Magnetism
Masse	Mass
Mechanik	Mechanics
Molekül	Molecule
Motor	Engine
Nuklear	Nuclear
Partikel	Particle
Relativität	Relativity
Universal	Universal

Psychologie
Psychology

Bewertung	Assessment
Bewusstlos	Unconscious
Ego	Ego
Einflüsse	Influences
Gedanken	Thoughts
Ideen	Ideas
Kindheit	Childhood
Klinisch	Clinical
Kognition	Cognition
Konflikt	Conflict
Persönlichkeit	Personality
Problem	Problem
Sensation	Sensation
Termin	Appointment
Therapie	Therapy
Träume	Dreams
Unterbewusstsein	Subconscious
Verhalten	Behavior
Wahrnehmung	Perception
Wirklichkeit	Reality

Regierung
Government

Bezirk	District
Demokratie	Democracy
Denkmal	Monument
Diskussion	Discussion
Freiheit	Liberty
Friedlich	Peaceful
Führer	Leader
Gerechtigkeit	Justice
Gesetz	Law
Gleichheit	Equality
Nation	Nation
National	National
Politik	Politics
Rechte	Rights
Rede	Speech
Staat	State
Symbol	Symbol
Unabhängigkeit	Independence
Verfassung	Constitution
Zivil	Civil

Restaurant #2
Restaurant #2

Abendessen	Dinner
Eis	Ice
Fisch	Fish
Frucht	Fruit
Gabel	Fork
Gemüse	Vegetables
Getränk	Beverage
Gewürze	Spices
Kellner	Waiter
Köstlich	Delicious
Kuchen	Cake
Löffel	Spoon
Mittagessen	Lunch
Nudeln	Noodles
Salat	Salad
Salz	Salt
Stuhl	Chair
Suppe	Soup
Vorspeise	Appetizer
Wasser	Water

Säugetiere
Mammals

Affe	Monkey
Bär	Bear
Biber	Beaver
Elefant	Elephant
Fuchs	Fox
Giraffe	Giraffe
Gorilla	Gorilla
Hund	Dog
Känguru	Kangaroo
Kojote	Coyote
Löwe	Lion
Panther	Panther
Pferd	Horse
Ratte	Rat
Schaf	Sheep
Stier	Bull
Tiger	Tiger
Wal	Whale
Wolf	Wolf
Zebra	Zebra

Schokolade
Chocolate

Antioxidans	Antioxidant
Aroma	Aroma
Bitter	Bitter
Essen	To Eat
Exotisch	Exotic
Favorit	Favorite
Geschmack	Taste
Handwerklich	Artisanal
Kakao	Cacao
Kalorien	Calories
Karamell	Caramel
Kokosnuss	Coconut
Köstlich	Delicious
Pulver	Powder
Qualität	Quality
Rezept	Recipe
Süss	Sweet
Verlangen	Craving
Zucker	Sugar
Zutat	Ingredient

Schönheit
Beauty

Anmut	Grace
Charme	Charm
Dienstleistungen	Services
Duft	Fragrance
Elegant	Elegant
Eleganz	Elegance
Farbe	Color
Fotogen	Photogenic
Glatt	Smooth
Haut	Skin
Kosmetik	Cosmetics
Lippenstift	Lipstick
Locken	Curls
Öle	Oils
Produkte	Products
Schere	Scissors
Shampoo	Shampoo
Spiegel	Mirror
Stylist	Stylist
Wimperntusche	Mascara

Science Fiction
Science Fiction

Bücher	Books
Dystopie	Dystopia
Explosion	Explosion
Extrem	Extreme
Fantastisch	Fantastic
Feuer	Fire
Futuristisch	Futuristic
Galaxie	Galaxy
Geheimnisvoll	Mysterious
Illusion	Illusion
Imaginär	Imaginary
Kino	Cinema
Orakel	Oracle
Planet	Planet
Realistisch	Realistic
Roboter	Robots
Szenario	Scenario
Technologie	Technology
Utopie	Utopia
Welt	World

Sport
Sport

Athlet	Athlete
Ausdauer	Endurance
Diät	Diet
Ernährung	Nutrition
Fähigkeit	Ability
Gesundheit	Health
Joggen	Jogging
Knochen	Bones
Körper	Body
Maximieren	Maximize
Metabolisch	Metabolic
Muskel	Muscles
Programm	Program
Radfahren	Cycling
Schwimmen	To Swim
Sport	Sports
Stärke	Strength
Tanzen	Dancing
Trainer	Coach
Ziel	Goal

Stadt
Town

Apotheke	Pharmacy
Bank	Bank
Bäckerei	Bakery
Bibliothek	Library
Blumenhändler	Florist
Buchhandlung	Bookstore
Flughafen	Airport
Galerie	Gallery
Hotel	Hotel
Kino	Cinema
Klinik	Clinic
Markt	Market
Museum	Museum
Restaurant	Restaurant
Schule	School
Stadion	Stadium
Supermarkt	Supermarket
Theater	Theater
Universität	University
Zoo	Zoo

Tage und Monate
Days and Months

August	August
Dezember	December
Dienstag	Tuesday
Donnerstag	Thursday
Februar	February
Freitag	Friday
Jahr	Year
Januar	January
Juli	July
Juni	June
Kalender	Calendar
Mittwoch	Wednesday
Monat	Month
Montag	Monday
November	November
Oktober	October
Samstag	Saturday
September	September
Sonntag	Sunday
Woche	Week

Tanzen
Dance

Akademie	Academy
Anmut	Grace
Ausdrucksvoll	Expressive
Bewegung	Movement
Choreographie	Choreography
Emotion	Emotion
Freudig	Joyful
Haltung	Posture
Klassisch	Classical
Körper	Body
Kultur	Culture
Kulturell	Cultural
Kunst	Art
Musik	Music
Partner	Partner
Probe	Rehearsal
Rhythmus	Rhythm
Springen	Jump
Traditionell	Traditional
Visuell	Visual

Technologie
Technology

Anzeige	Display
Bildschirm	Screen
Blog	Blog
Browser	Browser
Bytes	Bytes
Computer	Computer
Cursor	Cursor
Datei	File
Daten	Data
Digital	Digital
Forschung	Research
Internet	Internet
Kamera	Camera
Nachricht	Message
Schriftart	Font
Sicherheit	Security
Software	Software
Statistik	Statistics
Virtuell	Virtual
Virus	Virus

Universum
Universe

Asteroid	Asteroid
Astronom	Astronomer
Astronomie	Astronomy
Atmosphäre	Atmosphere
Äon	Eon
Äquator	Equator
Breite	Latitude
Dunkelheit	Darkness
Galaxie	Galaxy
Hemisphäre	Hemisphere
Himmel	Sky
Horizont	Horizon
Kosmisch	Cosmic
Längengrad	Longitude
Mond	Moon
Orbit	Orbit
Sichtbar	Visible
Sonnenwende	Solstice
Teleskop	Telescope
Tierkreis	Zodiac

Urlaub #2
Vacation #2

Ausländer	Foreigner
Ausländisch	Foreign
Berge	Mountains
Camping	Camping
Flughafen	Airport
Freizeit	Leisure
Hotel	Hotel
Insel	Island
Karte	Map
Meer	Sea
Pass	Passport
Reise	Journey
Restaurant	Restaurant
Strand	Beach
Taxi	Taxi
Urlaub	Holiday
Visum	Visa
Zelt	Tent
Ziel	Destination
Zug	Train

Vögel
Birds

Adler	Eagle
Ei	Egg
Ente	Duck
Eule	Owl
Flamingo	Flamingo
Gans	Goose
Huhn	Chicken
Krähe	Crow
Kuckuck	Cuckoo
Möwe	Gull
Papagei	Parrot
Pelikan	Pelican
Pfau	Peacock
Pinguin	Penguin
Rabe	Raven
Reiher	Heron
Schwan	Swan
Spatz	Sparrow
Storch	Stork
Taube	Pigeon

Wandern
Hiking

Berg	Mountain
Camping	Camping
Führer	Guides
Gefahren	Hazards
Gipfel	Summit
Karte	Map
Klima	Climate
Klippe	Cliff
Müde	Tired
Natur	Nature
Orientierung	Orientation
Schwer	Heavy
Sonne	Sun
Steine	Stones
Stiefel	Boots
Tiere	Animals
Vorbereitung	Preparation
Wasser	Water
Wetter	Weather
Wild	Wild

Wissenschaft
Science

Atom	Atom
Chemisch	Chemical
Daten	Data
Evolution	Evolution
Experiment	Experiment
Fossil	Fossil
Hypothese	Hypothesis
Klima	Climate
Labor	Laboratory
Methode	Method
Mineralien	Minerals
Moleküle	Molecules
Natur	Nature
Organismus	Organism
Partikel	Particles
Pflanzen	Plants
Physik	Physics
Schwerkraft	Gravity
Tatsache	Fact
Wissenschaftler	Scientist

Wissenschaftliche Disziplinen
Scientific Disciplines

Anatomie	Anatomy
Archäologie	Archaeology
Astronomie	Astronomy
Biochemie	Biochemistry
Biologie	Biology
Botanik	Botany
Chemie	Chemistry
Geologie	Geology
Immunologie	Immunology
Kinesiologie	Kinesiology
Linguistik	Linguistics
Mechanik	Mechanics
Meteorologie	Meteorology
Mineralogie	Mineralogy
Neurologie	Neurology
Ökologie	Ecology
Physiologie	Physiology
Psychologie	Psychology
Soziologie	Sociology
Zoologie	Zoology

Zahlen
Numbers

Acht	Eight
Achtzehn	Eighteen
Dezimal	Decimal
Drei	Three
Dreizehn	Thirteen
Fünf	Five
Fünfzehn	Fifteen
Neun	Nine
Neunzehn	Nineteen
Null	Zero
Sechs	Six
Sechzehn	Sixteen
Sieben	Seven
Siebzehn	Seventeen
Vier	Four
Vierzehn	Fourteen
Zehn	Ten
Zwanzig	Twenty
Zwei	Two
Zwölf	Twelve

Zeit
Time

Gestern	Yesterday
Heute	Today
Jahr	Year
Jahrhundert	Century
Jahrzehnt	Decade
Jährlich	Annual
Jetzt	Now
Kalender	Calendar
Minute	Minute
Mittag	Noon
Monat	Month
Morgen	Morning
Nach	After
Nacht	Night
Stunde	Hour
Tag	Day
Uhr	Clock
Vor	Before
Woche	Week
Zukunft	Future

Zu Füllen
To Fill

Becken	Basin
Box	Box
Eimer	Bucket
Fass	Barrel
Flasche	Bottle
Karton	Carton
Kiste	Crate
Koffer	Suitcase
Korb	Basket
Krug	Jar
Mappe	Folder
Paket	Packet
Rohr	Tube
Schiff	Vessel
Schublade	Drawer
Tablett	Tray
Tasche	Pocket
Umschlag	Envelope
Vase	Vase
Wanne	Tub

Gratuliere

Sie haben es geschafft !!

Wir hoffen, dass euch dieses Buch genauso viel Spaß gemacht hat wie uns dessen Herstellung. Wir tun unser Bestes, um qualitativ hochwertige Spiele zu erfinden. Diese Rätsel sind auf eine clevere Art und Weise entworfen, damit sie aktiv lernen und daran Vergnügen finden.

Hat ihnen das Buch gefallen ?

Eine einfache Bitte

Unsere Bücher existieren dank der Rezensionen, die sie veröffentlichen. Können sie uns helfen indem sie jetzt eine Meinung hinterlassen ?

Hier ist ein kurzer Link, der Sie zu ihrer Bewertungsseite führt

BestBooksActivity.com/Rezension50

MONSTER HERAUSFÖRDERUNGEN !

Herausförderung 1

Bereit für ihr Bonusspiel? Wir verwenden sie ständig, aber sie sind nicht einfach zu finden. Es sind die Synonyme !

Notieren sie 5 Wörter, die sie in den untenstehenden Rätseln (Nummer 21, 36 und 76) entdeckt haben und versuchen sie für jedes Wort 2 Synonyme zu finden .

Notieren sie 5 Wörter aus **Rätsel 21**

Wörter	Synonym 1	Synonym 2

Notieren sie 5 Wörter aus **Rätsel 36**

Wörter	Synonym 1	Synonym 2

Notieren sie 5 Wörter aus **Rätsel 76**

Wörter	Synonym 1	Synonym 2

Herausförderung 2

Jetzt, wo sie warm sind, notieren sie 5 Wörter, die sie in jedem der untenaufgeführten Rätseln entdeckt haben (Nummer 9, 17 und 25) und versuchen sie für jedes Wort 2 Antonyme zu finden. Wie viele davon können sie binnen 20 Minuten finden ?

Notieren sie 5 Wörter aus **Rätsel 9**

Wörter	Antonym 1	Antonym 2

Notieren sie 5 Wörter aus **Rätsel 17**

Wörter	Antonym 1	Antonym 2

Notieren sie 5 Wörter aus **Rätsel 25**

Wörter	Antonym 1	Antonym 2

Herausförderung 3

Wunderbar, diese Monster Herausförderung 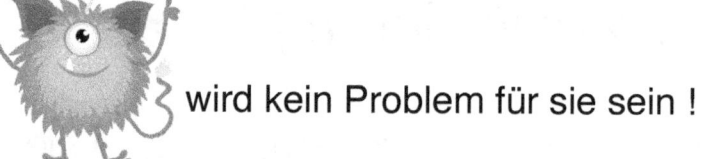 wird kein Problem für sie sein !

Bereit für die letzte Herausförderung? Wählen sie ihre 10 Lieblingswörter aus, die sie in einem Rätsel entdeckt haben und notieren sie sie unten.

1.	6.
2.	7.
3.	8.
4.	9.
5.	10.

Die Aufgabe besteht nun darin mit diesen Wörtern und in maximal sechs Sätzen einen Text herzustellen über eine Person, ein Tier oder ein Ort den sie lieben !

Tipp : sie können die letzten leeren Seiten dieses Buches als Entwurf verwenden

Ihr Schreiben :

NOTIZBUCH :

AUF BALDIGES WIEDERSEHEN !

Linguas Classics

KOSTENLOSE SPIELE GENIESSEN

GO

↓

BESTACTIVITYBOOKS.COM/FREEGAMES

www.ingramcontent.com/pod-product-compliance
Lightning Source LLC
Chambersburg PA
CBHW082042120626
46553CB00011B/3252